JN084488

新日本の遺跡
③
神奈川県茅ヶ崎市

旧相模川橋脚

関東大震災によって
蘇った中世の橋

大村浩司 著

同成社

関東大震災、まさにその瞬間に出現した橋脚

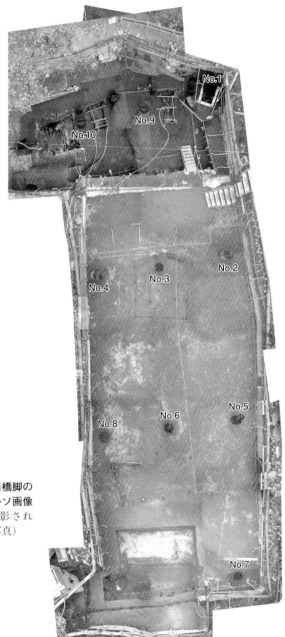

No.1

No.9

No.10

No.2

No.3

No.4

No.5

No.8

No.6

No.7

旧相模川橋脚の
平面オルソ画像
（正射投影され
た空中写真）

相模川

小出川

旧相模川橋脚の遠景（北から）

並び立つ「史跡」と
「天然記念物」の標柱

橋杭に残る貫穴（No.10）

発掘調査で明らかになった橋杭の先端（No.5）

整備された現在の旧相模川橋脚

発掘調査時の橋脚（右からNo.5とNo.6）

新たに発見された中世
土留め遺構（南から）

橋脚と土留め遺構（北西から）

関東大震災後（大正期）に造られた初期保存池の周提

橋脚遺構の上層で確認された中世の土坑墓群

関東大震災を物語る天然記念物としての遺構

橋杭No.5 の付近で観察された噴礫

液状化により橋杭No.8 に沿って噴き出した砂

は じ め に

旧相模川橋 脚（きゅうさがみがわきょうきゃく）は、大正年間に国の史跡指定を受けた遺跡で、相模川の名が示すとおり神奈川県の茅ヶ崎市に所在している。

遺跡は、歴史学者沼田頼輔（ぬまたよりすけ）により、源頼朝の家臣であった稲毛三郎重成が相模川に架けた橋と考証されたもので、鎌倉時代の橋遺跡として指定されている。また、頼朝が架橋に際して渡り初めをした橋とされ、その帰途に落馬し、そのときの傷が原因で亡くなった、と語られている遺跡でもある。

鎌倉時代の橋という数少ない遺跡であるが、旧相模川橋脚は、さらにめずらしい特徴を持つ。それは、1923（大正12）年に起きた関東大震災によって出現したことである。全国には多くの遺跡があるが、これらは表面調査や発掘調査などによって発見されることが多い。しかしながら、旧相模川橋脚はこうした調査によってではなく、地震によって地中から出現したことで明らかになった稀有な遺跡である。

旧相模川橋脚は、発掘調査を経ずに史跡に指定されたが、出現から78年後の2001（平成13）年に初めて発掘調査が行われ、鎌倉時代の橋遺跡として再確認された。また、単に橋の遺跡であるということにとどまらず、当時の土木技術や交通を考える上でも欠かせない遺跡であることも判明した。と同時に、調査や保存整備を通じ、史跡としての評価だけではなく、旧相模川橋脚が持つ多様な価値についても明らかになってきた。

本書では、旧相模川橋脚が持つさまざまな内容についてみていくが、注目すべき点として、大きく以下の３つがあげられる。１つ目は、史跡指定の対象となった鎌倉時代の橋遺跡を中心とした歴史的遺産としての評価である。２つ目は、遺跡発見のきっかけとなった関東大震災で生じた液状化現象の痕跡が残る天然記念物としての評価である。この地震痕跡は震災遺構としての意義も持っている。そして３つ目は、出現後から人々が橋脚を守ってきた文化財保護の歩みが残っていることであり、今後の文化財保護を考えていく上で重要な内容である。

　史跡と天然記念物の２つの指定を受けている旧相模川橋脚だが、その面積は決して広くはない。しかしこの遺跡が私たちに示してくれる内容はじつに奥深い。それは指定された遺跡に新たな価値が加わるなど、遺跡が持っている多様性を明らかにしたことであり、今後も調査研究の進展や社会の変化によって、さらなる評価が加わっていく可能性も示唆している。

　旧相模川橋脚は、出現から100年が経過し、まもなく指定100年を迎えるが、本書を通じて一人でも多くの方にその存在と魅力を知ってもらえれば幸いである。

も　く　じ

カバー写真：整備後の旧相模川橋脚

装丁：辻聡

第 I 部

遺跡の概要

―旧相模川橋脚とは―

第1章 | 驚きの発見と保存への道

⑴ 出現した遺跡

　1923（大正12）年9月1日午前11時58分、相模湾を震源とする大地震が発生した。関東大震災である。マグニチュード7.9の地震が5分間で4回も起き、翌年1月15日に起こった余震（マグニチュード7.2）とともに神奈川県を含む広範な地域で死者行方不明者10万5千人、家屋の損壊30万戸という甚大な被害をもたらした。この未曾有の大災害のなか、神奈川県茅ヶ崎市の水田から何本もの木柱が忽然と姿を現すという、人々を驚かす現象が起きた（図1）。

　この出現した木柱こそが、現在、史跡と天然記念物という、2つの異なる内容で国の文化財指定を受けている旧相模川橋脚である。

　出現した木柱が歴史的遺産であるということを明らかにしたのは

歴史学者沼田頼輔であった。沼田は余震が起きた5日後の1924（大正13）年1月20日に現地に駆け付け調査を実施している。そして調査結果を基に吾妻鏡や保暦間記などの史料を踏まえ、この木柱

図1　出現当時の橋脚（北から）

が、鎌倉時代の1198（建久９）年に源頼朝の重臣である稲毛三郎重成が亡き妻の供養のために相模川に架けた橋の橋脚であると考証し、論文を発表するとともに保存に向けて動いたのである。

　出現から３年後の1926（大正15）年10月20日に、鎌倉時代の橋遺跡として神奈川県では９番目となる国の史跡に指定され現在まで保存されている。また2013（平成25）年には、出現の原因となった関東大震災の地震に伴う液状化現象をとどめた場所として新たに国の天然記念物にも指定された。

　旧相模川橋脚は、神奈川県茅ヶ崎市の南西部に位置する下町屋地区に所在する（図２）。茅ヶ崎駅から国道１号を西に約２km進んだ付近にあたり、国道より南側にやや下がったところに史跡として整備されている。現在は出現した当時の水田を目にすることはできず、指定地周辺は埋め立てられて神奈川県衛生研究所や商業施設などが建っている。この地点が水田であったことは1878（明治11）年に作成された迅速図を確認すると見えてくる（図３）。茅ヶ崎市の地形は、北部の台地・丘陵地形と南部の低地地形とに大きく分けられ、南部低地はさらに砂州・砂丘地帯と自然堤防地形に分けられる。出現地点は海（相模湾）より北側1.8km、現在の相模川より東1.5kmに位置し、茅ヶ崎市の南西部に広がる低地に該当する。さらに詳細にみていくと旧河道であることも認識できる。史跡が所在する周辺の字名は大字下町屋中河原と呼ばれており、この場所が河川の影響を受けている場所であることがわかる。

　旧相模川橋脚は、それまで地中で存在が知られていなかった鎌倉時代の橋が関東大震災によって明らかになったもので、地震によって出現したという全国的にも稀有な遺跡である。加えて史跡と天然

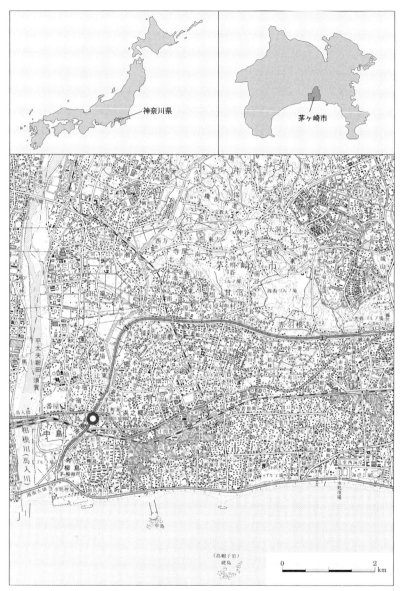

神奈川県

茅ヶ崎市

図2　遺跡の位置

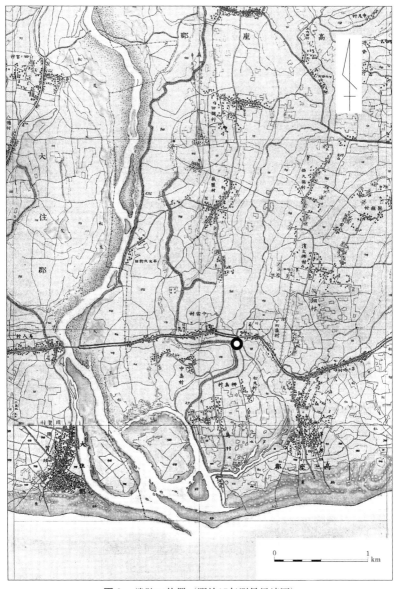

図3　遺跡の位置（明治15年測量迅速図）

記念物という異なる文化財の重複指定を受けている数少ない遺跡でもある。指定面積は約1880 m²と決して大きな遺跡とはいえないが、旧相模川橋脚が持っている多様な内容についてみていきたい。

(2) まもられた橋脚

旧相模川橋脚は関東大震災で出現したが、震災直後の社会は大混乱をきたしていたであろうことは想像に難くない。そうした情勢であったにもかかわらず、旧相模川橋脚はきちんと今日まで保存されてきた。そこで、旧相模川橋脚がどのようにまもられてきたのか、出現から指定までの動きを追ってみたい。なお橋脚に関する表現については橋脚、脚柱、橋柱、橋杭などがあるが、ここでは橋の下部構造で橋桁を支える複数の柱を橋脚とし、個々の柱については橋杭（番号をつける場合もある）を用いることとした。また遺跡としての旧相模川橋脚の呼び方を橋脚と表現する場合もある。

　出現直後の動き　橋脚出現の事実が公に最初に知らされたのは、余震から約2週間後となる1924年1月29日付けの横浜貿易新報（現在の神奈川新聞社）の記事である。「昨年の大地震で頼朝時代の橋杭が田圃から五本突起す　沼田氏鑑定大要発表」という見出しで掲載されたもので、その内容は沼田の鑑定を引用しながら発表している。そしてこの段階で早くも鎌倉時代の橋ということを示している。

　また同年3月発行の「東京日々新聞」でも取り上げられている。3月6日、9日、11日、13日の4日間で掲載されており、内容はやはり沼田の報告が基になっている。こうしたことから、旧相模川橋脚の調査・保存に当初より大きく関わっていたのが沼田だということがわかる。

ここで沼田頼輔について触れておきたい（図4）。沼田は、1867（慶應3）年神奈川県宮ヶ瀬村の生まれで、神奈川県師範学校を卒業後、神奈川県寒川町（さむかわまち）で訓導兼校長を務めながら、帝国大学理科大学（現東京大学理学部）簡易講習科第二部で学び、神奈川県内をはじめ岡山県、東京都、鳥取県など各地で教鞭をとっている。その後1911（明治44）年には教職を辞し、旧土佐藩山内家の家史編纂室長となる。このとき山内豊景侯爵（やまうちとよかげ）から山内家の家紋について問われたが即答できなかったことが契機となり、紋章の研究を進め「日本紋章学」を表し、紋章学の第一人者となって1930（昭和5）年には博士号を取っている。教職に就いていたとき、神奈川県内では寒川小学校の教員を務めており、茅ヶ崎との関係は薄くない。

　沼田は前述したとおり余震が起きた5日後の1924年1月20日に現地に駆け付け調査を実施している。ところで、沼田はどのようにしてこの事象のことを知ったのであろうか。後述する沼田論文によると友人の相田二郎から1月15日か16日に連絡をもらい、相田、田保橋潔（たばはしきよし）とともに現地を訪れて調査を行ったと記されている。その相田にこの事象を告げたのは、地元茅ヶ崎在住の東京帝国大学文学部講師の和田清である。茅ヶ崎市教育委員長で市史編さん委員でもあった藁科彦一（わらしなひこいち）によれば、和田は東海道線が復旧した1923年10月下旬以降に茅ヶ崎の実家に帰省したが、その折にこの事実を知りただちに現地に赴き、これは何らかの歴史的遺構であると考え、いち早く対応している。具体的には写真撮影と研究者の招聘であった。この研究

図4　沼田頼輔肖像

者招聘ために連絡したのが前述の相田であり、相田から沼田へと繋がったのである。旧相模川橋脚の保存研究への先駆けとなる沼田来跡のきっかけを作ったのが、地元茅ヶ崎出身の和田清であったという事実は注目される。

　沼田の調査と保存への取り組み　沼田の足跡を知る資料としては、発表された3本の論文と茅ヶ崎町で行われた講演の記録がある。震災から2カ月後の1924年3月に「震災に由って出現したる相模河橋脚に就いて」を『歴史地理』に発表している。

　この中で、現地における調査結果を示しながら、文献史料などから鎌倉時代の1198（建久9）年に稲毛三郎重成（いなげさぶろうしげなり）が架けたものであろうと考証するとともに、「一日も早く當局のこれを實検せられて適当の処置を執り、保存の道を講ぜらんことを切望せざるを得ないのである」と保存実現に向けての意見を論文に記している。沼田は同じ年の6月にも論文を発表しており、時を同じくして新聞発表や、論文2編を発表しているのは、自身の考えを明らかにすることに加え、橋脚を広く知らしめ、早い段階での保護を意識して力を注いだのだと推察できる。その背景には出現した橋脚の扱いに対する抜き取り、散逸など遺跡状況の湮滅（いんめつ）に対しての危惧があったと思われる。

　このことは、1930（昭和5）年に沼田が茅ヶ崎小学校で講演した内容を記録した資料で知ることができた。それによると当時を振り返り「其當時土地所有者を始め地方人は此橋脚の木材が神代杉であるから、之を抜き取つて賣らば莫大な利益を穫得さる、と稱して抜き取られんとするのを傳聞致しましたから」と当時の橋脚保護に危機感を持っていたことがわかる。また「捨置かれなくなつて私は早速内務省へ参りまして、之が假指定の形式で本縣より史跡名勝記念

物として指定を請ひました」と保存についての行動を起こしている
こともうかがえる。さらに「同時にパンフレットも出版しまして各
方面に宣傳致しました次第であります」と普及にも精力的に取り組
んだことが記されている。

　指定後の1928（昭和3）年10月に発表された3本目の論文の最後
では、これまでの考証をまとめ、本遺跡の重要性を述べた後に、自
分の進言が入れられて、史跡指定を受けられることとなり、「地方
のためには、新たに名跡を加へることゝなり、學術のためには資料
を永遠に傳へる事ができる事となったのである」と記している。こ
れらから沼田が単に歴史的遺産の考証だけでなく、その保存を実践
するとともにそのために積極的な行動をしていることがわかる。地
方のための名跡、学問のための資料継承という考えは、現在の遺跡
保存にも通じる考えであり、学ぶべき点が多い。

　柴田常恵の調査　こうした沼田の保存
を求める動きに対して、「當局」の動き
はどのようなものであったのだろうか。
橋脚は1926年10月20日に「旧相模川橋
脚」の名称で国の史跡指定を受けている
ことから、指定に際して国の関わりが
あったはずである。これについては2001
（平成13）年から開始した保存整備に伴
う資料調査で、國學院大學に保管されて
いた柴田常恵関係資料の中に橋脚に関わ
る資料が見つかり、柴田の存在がクロー
ズアップされることになった。

図5　柴田常恵肖像

柴田常恵（図5）は1877（明治10）年愛知県春日井郡大曾根村（現名古屋市東区）の生まれで、東京の私立郁文館内の史学館に学び、東京帝国大学人類学教室の助手を務め、1920（大正9）年に内務省地理課嘱託ならびに史蹟名勝天然紀念物調査会考査員となる。その後は慶応義塾大学で教鞭をとり、1950（昭和25）年には文化財専門審議会委員を務めている。柴田は関東大震災の当時、内務省地理課に在籍しており、1924年3月11日に来跡し調査を行っている（図6）。このことは、神奈川県保管の橋脚関連資料に記されていた内容と、柴田資料の写真の裏に記された内容との照合から確認できた（図7）。

　なお3月11日というのは、前述した新聞掲載の3回目と同じ日であり、沼田の意見に対する動きとしてはすばやいものと思われる。残念ながらこのときの柴田の調査報告は確認できず、どのような判断・評価をしたのかは不明であるが、その後の動きから推測すると沼田の考証に対する大きな異論はなかったものと思われる。いずれにせよ、柴田の調査により保存への動きが加速したことは間違いない。

　神奈川県の取り組みと仮指定　この間の神奈川県の動きをみてみると、1924年3月11日に実施された柴田の現地調査では、おそらく県職員が同行したと思われる。そして同年4月12日付けで内務省地理課宛に「史蹟実地調査報告」を送っている。この

図6　橋脚と随行員（柴田資料）

報告を受けて、内務省地理課長より県知事宛に仮指定の照会がなさ
れており、このなかで「旧相模川橋柱」の名称を用いることや、仮
指定の範囲（地番）が示されている。また、仮指定後に内務省と神
奈川県で現地立合いを行い保存方法について考えるように付け加え
られている。この照会に対して神奈川県は仮指定に向けた手続きを
進め、同年4月25日に「神奈川県告知第154号」で仮指定している。
さらに当時の高座郡長と藤沢警察署長宛に「史蹟保存ニ関スル件」
として通知し、郡長には土地所有者に仮指定したことを通知するこ
と、警察署長には取り扱いについて注意することをそれぞれ通知し
ている。

　この仮指定は、1919（大正8）年に制定された「史跡名勝天然紀
念物保存法」にもとづいている。法第一条では、内務大臣が指定す
る前に必要があるときは地方長官が仮にこれを指定することができ

図7　出現後の橋脚（柴田資料）

る、となっており、これにもとづき神奈川県知事が仮指定を行った
ものである。仮指定を先行したということは、国の指定を受ける前
に保存する必要があると判断されたことになるが、その理由は水田
耕作の時期が近づいており、現状の維持保存が必要であることを土
地所有者に知らせるためとされている。そして出現後約3カ月で仮
指定が行われることとなるが、こうした早い動きは目を見張るもの
がある。なお現地に看板が立ったのは、約1年後の1925（大正14）
年3月であるが、看板には仮指定にともなう遺跡の説明（図8）と
ともに以下の注意が記されている。

　　　注意　一、橋柱ニ触ルルコト　一、橋柱ヲ汚損スルコト　右禁止
　　　ス犯シタルモノハ国法ニ依リ処罰セラルヘシ

　これらの内容から、現地における抜き取りや棄損に危機感を抱い
ていたことが伝わる。なおこの注意書きこそが橋脚の初代看板とい

図8　仮指定を示す立看板

えよう。

内務省の史跡指定　そして神奈川県より「旧相模川橋柱」の名称で仮指定されてから2年6カ月後に、国の史跡に指定される。当時の国の所管は内務省で、1926年10月20日付け内務省告示第158号により史跡指定されている。指定範囲は後述する初期保存池とそれを囲む周堤の形とほぼ同じである。また指定地の公有地化は2年後の1928年に手続きが進み、当時の茅ヶ崎町の所有となった。出現から3年という期間で国の史跡として保存され、今日までまもられてきたのである。

なお橋脚の国指定に関しては前述の藁科によると、大正皇后が行幸されたときに橋脚の保存について懸念され、そのことがきっかけになって保存が進んだ、とする話もあるという。

第2章 旧相模川橋脚の特徴

　旧相模川橋脚は、震災直後という大混乱の社会においても保存された。では、旧相模川橋脚とはどのような遺跡なのであろう。またどのような特徴を有しているのだろうか。

　これまでの調査や研究から、本遺跡は大きく3つの性格を有していると考えられる。1つ目は沼田が考証した中世橋遺跡で、大正年間に指定された史跡としての内容である。2つ目は出現の原因となった地震に関することで、新たに平成に指定された天然記念物としての内容である。そして3つ目は出現時から今日までの文化財保

図9　真上からみた旧相模川橋脚

護に関わる歩みを残していることである。これらについてその内容や発掘調査成果の概要をみてみよう。

(1) 史跡としての評価

　史跡として評価されたのは鎌倉時代の橋遺跡である。中世の橋は現存しているものは少なく、また発掘調査によって確認されているものも限定されており、旧相模川橋脚の歴史的な価値は高い。加えて土木遺産や交通遺跡などの観点からも重要である。

　また旧相模川橋脚では、指定された中世の橋遺構のほかにも異なる時代の遺構が確認されており、土地の変遷を知ることができる複合遺跡でもある。

　沼田の考証　橋脚が鎌倉時代の相模川橋であると考証したのは沼田であるが、沼田はどのように考証を進めたのだろうか。前述したとおり沼田は橋脚に関する論文を3編発表している。このうち、指定前に発表した論文からそのポイントを整理すると、次の4点を指摘できる。

　1点目は、現地調査における橋脚の把握に努めたことである。

　橋脚（沼田は橋柱と表現）については、現地で確認した橋柱は水田より出ているものが7本で、ほかに土が持ち上がった場所が2カ所あったので竿で突いて確認し、出現したものは合計で9本であるとした。ただ1928（昭和3）年の論文では「近頃、聞く所に據ると、其後、更に二本を発見したさうであるから、現今では、その總計十一本となったわけである」とし、この段階で11本との認識を持ったようだが、現地での確認は行っていないようである。出現した木柱については当初から橋柱と表現していることから橋である前

提で進めているが、その根拠が規則的配置にもとづくものなのか不明である。

　2点目は、橋の規模を考察し、他の橋との比較によって相模川に架けられたと推測したことである。

　沼田は確認した橋柱の配置について測定図を作成している（図10）。そして橋の方位は西南に向かっているとし、橋幅は優に四間半になると推定している。そのうえで勢田橋、五條橋、淀橋など全国７カ所の橋と比較し、橋幅の規模から出現した橋は出現地点近くを流れる小出川ではなく相模川に架けられたものとした。

　3点目は、相模川の位置が現在と異なることに対し、相模川の西遷を説明したことである。

　相模川に架けられたとすれば、出現した位置が現在の相模川より東に離れていることになるが、これは古相模川と呼ばれる旧河道を

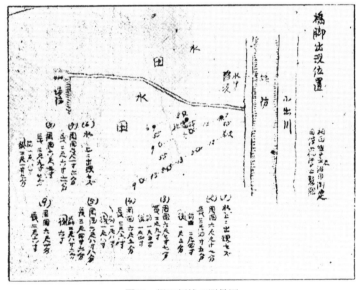

図10　沼田頼輔の測量図

地図で確認できること、現在の中島地区は古代においては高座郡でなく大住郡であり境界は川などが反映されていること、近世には川に関わる役を担っている者が西の中島・今宿地区でなく、東の下町屋地区に多いという傾向があること、これらのことがらが相模川の西遷を示していると指摘している。

　4点目は、文献史料から鎌倉時代に稲毛重成が相模川に架けた橋であると考証したことである。

　沼田は相模川に架けられた橋について『吾妻鏡』『保暦間記』などの文献史料を基に、鎌倉時代の1198（建久9）年に稲毛三郎重成が架けたものであろうと考証した。

　指定の説明　それでは旧相模川橋脚の、仮指定および指定に際してはどのように説明されていたのだろうか。まず1924（大正13）年の神奈川県による仮指定では、

　　　今ヨリ七百二十余年前（建久九年）源頼朝ノ臣稲毛重成旧東海
　　　道相模川ニ架セシ橋柱ニシテ大正十二年九月及同十三年一月ノ
　　　大地震ノ為メ現出我国最古ノ橋柱ナリ

とあり、鎌倉時代に源頼朝の家臣である稲毛重成が旧東海道相模川に架けた橋の橋柱であり、関東大震災で出現したもので、我が国において最古の橋柱である、としている。

　また1926（大正15）年の内務省による指定では、

　　　小出川ニ沿ヒタル水田中ニ存ス大正十二年九月及翌十三年一月
　　　ノ兩度ノ地震ニ依リ地上ニ露出セルモノニシテソノ數七本アリ
　　　ソノ後地下ニ隠ルヽモノ尚三本ヲ發見セリ蓋シ鎌倉時代ニ於ケ
　　　ル相模川橋梁ノ脚柱ナラン

と説明されており、（下町屋を流れる）小出川沿いの水田に所在し、

関東大震災で出現したもので、七本地上に出ており後に地中に隠れている三本を発見した。これらは鎌倉時代の相模川に架けられた橋の脚柱である、としている。

　いずれも鎌倉時代に相模川に架けられた橋の柱であるとしており、沼田が考証した内容が基になっているのであろう。

　発掘調査の成果　保存整備に伴い2001（平成13）年より実施された発掘調査では、橋脚の配置、規模や形状などが確認され、考古学的に橋であることを確認した（図11）。

　橋杭は10本確認され、東西方向の３本が一組になり、南北方向に４組が並ぶ規則的な配置が確認されたことから、橋は北東から南西方向に架けられ、川は北西から南東に流れていたと考えられる。橋杭は丸く仕上げられており、太さは直径48〜69cm、長さは残長３m65cmであった。下部は細くなり先端が尖った杭状であることが判明し、加工のための手斧痕も確認された。また２本の橋杭では上部に貫穴と考えられる加工痕が確認され、これによって貫を通していたことが判明し、梁を渡して桁を乗せる桁橋構造であったことが明らかになった。樹種はすべてヒノキで、設置に際して木材を天地逆に使用していることも観察された。

　調査では、橋脚の北側から新たに土留めと考えられる遺構が発見された。厚板２枚と角柱６本で構築されているもので、東西方向に置かれた厚さ９〜11cmの厚板を角柱で支えており、全体の長さは13m以上で調査区外に延びていた。板の北側からは礫も確認されている。この厚板や角柱に使用された材料は転用されたもので、船材や建築材などであった可能性が高い。なお厚板と礫の間からは古銭が出土しており、構築する際に埋納されたものと思われる。

図11　遺構全景（下が北東）

架橋された際の規模は橋幅が約9ｍ、長さは40ｍ以上あったことが推測され、年代は出土した埋納銭や年輪年代測定から鎌倉時代前半であることが明らかになった。新に発見された土留め遺構は、その形態から川岸あるいは橋台の護岸のために構築されたものと考えられる。

　旧相模川橋脚は、鎌倉時代の数少ない橋遺跡としての歴史的意義は高く、交通遺跡としても中世の道を考える上で重要であるほか、橋遺構や土留め遺構は当時の土木技術を考える上で欠かせない遺跡である。また、架橋に必要な技術力や資材の調達などの背景を考えると、当時の有力者あるいは鎌倉幕府との関係が強い橋だったと推測できる。この地は、政治の中心であった鎌倉から西に約15ｋｍの位置にあたり、当時の西に向かう重要な道であった京往還であったと思われ、庶民の往来に加え京都を意識した鎌倉幕府の威信を示す橋という側面もあったかもしれない。

　複合遺跡としての橋脚　発掘調査では、鎌倉時代の橋遺構だけでは

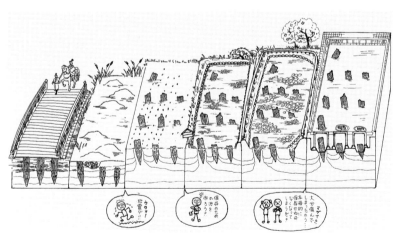

図12　橋脚の土地変遷イラスト

なく異なる時代の遺構も確認された。このように1つの遺跡で異なる時代の遺構が存在するものを複合遺跡と呼ぶ。旧相模川橋脚では鎌倉時代の橋遺構よりも前の時代の遺物や後の時代の遺構が確認されている。

　橋脚より後の時代では、土坑墓と呼ばれるお墓が発見された。土坑墓は複数確認され、人骨が検出されたほか副葬品の古銭や土器が出土した。これらの資料から16世紀代に葬られたものであることがわかり、中世後半には当地が墓域であったことが明らかになった。また橋脚より前の時代、すなわち下層からは土師器、須恵器、瓦などの古代遺物が出土した。これらの遺物は角が擦れて丸みを帯びていることから、上流から流されてきたものと思われ、上流に古代遺跡の存在が考えられる。さらに初期保存池など橋脚に関わる近現代の足跡も残っていることが判明した（図12）。こうした複合遺跡は橋脚を含むその土地の歴史（変遷）を知る上で大切な資料である。

コラム：橋脚の本数

　橋脚の本数については7本、9本、10本、11本など、発見当初より諸説があったが、2001年からの調査により10本であることが確定した。指定説明では橋脚の本数が10本となっているが、沼田の1924（大正13）年3月と6月の論文では9本と報告されている。その後の1928（昭和3）年に出された論文では11本という認識を持っていたようである。

　そうするといつの時点で、誰が10本という数字を出したのであろうか。神奈川県が1924（大正13）年4月に仮指定する際の説明資料では、本数は明記されていない。発掘調査で10本であることが確認されたので、指定説明に記されている本数は正しい数字となる。注目したいのは

発掘調査において、橋杭の有無を探すためと思われる掘削痕跡が発見されており、橋脚に対する何らかの調査がこの間に行われたことがうかがえることである。残念ながら、現段階ではこれらを特定できる資料がないことから判然としない。

　神奈川県に保管されていた初期保存計画では、整備する保存池の形は明らかに10本を前提に作成されており、計画作成時には10本の存在を認識していたことになる。神奈川県に保管されていた「橋杭保存上屋建設工事設計書」には期日が記載されていないことから作成時期は不明である。ただその表紙には「大正　年度」という記入欄が見られることから大正期には確認された可能性が高い。しかしながら、昭和の整備においては、北西部分の橋杭の存在は意識されずに保存池の整備が行われている。これは、保存池の水面からは視認できなかったことや、存在の表示がなかったことによるのかもしれない。したがって早い段階で橋杭の存在は忘れられてしまった可能性がある。こうしたことも本数に関する複数の説が生じる原因となったのかもしれない。

⑵　天然記念物としての評価

　2013（平成25）年３月27日、旧相模川橋脚は国から天然記念物の指定を受けた。しかし、これは橋脚そのものが天然記念物に指定されたということではない。ではどういうことなのだろうか。

　文化財保護法で示されている天然記念物は、いくつかの種類に分けられている。動植物、地質、鉱物などその内容は広い。こうした内容のうち、橋脚が指定されたのは地質分野に該当する"自然現象が観察される土地"と評価されたからである。具体的には、地震によって出現した遺跡には、その出現要因となった地震の痕跡が残っており、そのなかの「液状化現象」が指定されたものである。指定

に伴う説明では、

　　旧相模川橋脚は、地震災害が頻発するわが国において、地震に
　　伴う顕著な自然現象であるがその保存が極めて困難な液状化現
　　象をとどめた場所として極めて重要である。

とされた。そして液状化現象を対象とした天然記念物指定としては
全国で初めての事例となったのである。

　旧相模川橋脚は、史跡に指定されていたことで現状が保存され、
大正年間から現在まで、出現したときの原位置状況が保たれたこと
により地震痕跡も保存されてきた。地震痕跡は、液状化現象に伴う
噴砂だけでなく、橋脚が浮き上がった際に生じた引きずりによる地
層の変形も観察できる。さらに浮き上がった橋脚の状態は地震エネ
ルギーのすごさを示しており、関東大震災という災害の様子を伝え
ている震災遺構といえる。

　神奈川縣震災誌での記述　橋脚が地震によって出現した様子は、い
くつかの資料で知ることができる。

　そのひとつが1927（昭和２）年発行された『神奈川縣震災誌』で
ある。関東大震災の被害を詳細に記録したもので、報告では「海底
の隆起と沿海の概要」という章立ての「相模湾に沿う弱線並びに土
地の変化」の項に、

　　～前略～この橋杭は、旧相模川底の固き地盤に打込まれあり
　　て、其表層は河成層にて粗鬆軟弱なりし為め、表層のみ震り下
　　げられて、旧橋杭が露出せしなり。～後略～

と記されている。これによると、橋脚は固い地盤に打ち込まれてお
り、表層のみがゆられて下がったことから橋脚が露出した、という
出現現象に対する当時の考えが示されている。現在、橋脚の出現は

液状化現象によるものとして認識されているが、当時の報告では別の解釈がされていたようである。

沼田頼輔による地震記述　現地を訪れ調査を行った沼田も、震災の2カ月後に地震に関する内容を論文に示している。それによると橋脚の出現状況について、

> 橋柱は四列であって、その第一列は男柱一本のみであるが、他に土を持ち上げたばかりで、柱頭を水面に出さないものが一本ある。（中略）第三列は男柱と中柱と二本現れて居るが、一本の男柱は土を持ち上げたばかりで、柱頭を現はして居らぬのであるが、第一列のものと同じく竿にてつ、き又足にて踏むと地面下一尺許に埋没してあることがわかる。

と記されており、橋脚ごとに出方が異なることや、竿や足で探っていたこともわかる。また、

> 土人の語るを聞くに、前の地震即ち昨年の九月一日の地震の時に、出現した柱はいづれも眞直であったが、後即ち本年一月十五日の地震の時から、復た出たので傾斜したと云ふのであるから、最早土中に埋没した部分は左程長いものとも思われない。橋脚は前後二回の地震に由って抜け出したものであったことは、その橋脚に印された汀線の痕跡で明らかに知られるので、これも地震学研究者の参考になるかと思って測定すること、したのである。

と調査記録の意図を示している。こうした記録が後に研究資料として役立つことを予測していたからであろう。しかし、沼田は2回の地震で抜け出したと記しているが、地震のどんな現象によるかは言及していない。

液状化現象の研究　液状化現象とは、砂混じりの地層が、地震の揺れによってあたかも液体のように動く現象である。液体の上にある重たい建物は液体の中に沈み、液体中の（地盤に埋め込まれた）棒杭のように軽いものは、地表に浮かび上がらせる現象で、東日本大震災でも発生したことは記憶に新しい。

　液状化現象に関する研究は1964（昭和39）年に発生した新潟地震以後に進展したもので、関東大震災時における認識は薄く、橋脚の出現が地震によって発生した液状化に伴うものということを想定することはむずかしかったであろう。したがって先の『神奈川縣震災誌』における記述も納得できる。

　液状化現象は3つの条件が伴って生じるとされている。1つ目は砂が堆積する地盤、2つ目はこの砂の堆積がややゆるやかであること、そして3つ目は水位が高く水で満たされていること、である。また発生する地形にも特徴があり、河川岸、旧河川、海岸沿岸、盛土地などで生じることが指摘されている。こうした内容を橋脚の出現地点と照らし合わせると、地形的は旧河川であり、堆積している土も砂層や礫層などが中心であり、水位も高いなど多くの点で合致している。

　ところで震災当時の橋脚については、内務省地埋課嘱託であった柴田常恵によってその直後の様子が写真で残されており、今でも出現状況を目にすることができる。柴田が残した資料写真の中には、沼田の記述通り土の盛り上がっている様子が見える（図13）。また、橋脚周辺から泥が吹き出している状況もみてとれる。

発掘調査での観察　発掘調査では複数カ所で地震痕跡が観察され、史跡地には多くの地震に関する痕跡が残存していることが明らかに

なった。内容は浮き上がった橋脚の出現状況、液状化現象を示す噴砂、そして橋脚が浮き上がったことによる地層の変形である（口絵8頁）。

　地震痕跡として最も明らかなのは、出現した橋杭そのものであろう。ただ10本の橋杭の出現状況は異なる。観察できたなかで最も高かったのは上部において標高2.63ｍであった。反対に最も低かったのは標高0.45ｍで、おおよそ2.18ｍもの差があることから、浮き上がり方は一様ではなかったといえる。また、傾きについても、すべてが傾いてはいるものの、向きは南東、北東、北西方向と、こちらも同じではなかった。このように傾きや高さが１本ずつ異なっており、こうした状況に関東大震災で発生した地震の様子をうかがうことができる。

　また、地震によって発生した液状化現象による噴砂・噴礫状況が複数地点の地層で観察された。観察できた噴砂は地層だけでなく掘り下げた地面においても蛇行した形で確認されている。このほか池

図13　橋杭周辺から噴き出した状況（柴田資料）

底精査時には橋杭の周辺に噴き上がった砂がまるで花びらのように見える状況も観察されている。さらに橋脚の浮き上がりの動きによって地層が引きずられてしまい堆積状況が曲線を描くものも見られるなど、液状化現象を起こす地震のエネルギーを知ることができる。

関東大震災の震災遺構　前述のとおり、橋脚の出現した高さや傾きなどの様子は、地震によっておきた現象をそのまま表していると思われる。また地中には、地層観察などにより液状化現象を示す噴砂などが残存していることも明らかになっている。これらは、この場所でおきた地震状況を如実に伝えており、災害という視点からみると、旧相模川橋脚は関東大震災の痕跡を残す震災遺構と考えることができる。

このような震災遺構という視点から、他の地震をみてみよう。阪神淡路大震災については、兵庫県の野島断層が地震を表す天然記念物として保存されている。そのすごさを間近で見ることができ、地震への追体験と防災への意識を高めている。また、近年では東日本大震災における震災遺構の保存・公開も注目されている。

一方、関東大震災の痕跡を残す事例はどうであろうか。その多くは被災した建物の一部や樹木のほか犠牲となった方への供養を目的とした記念碑などである。そして、その後の生活のなかで修復されたり移設されたりしている。現在、関東大震災が発生した９月１日は防災の日となっているが、関東大震災の痕跡を残すものは少なくなっているのが現状であろう。旧相模川橋脚における橋脚の出現状況は当時の位置をとどめており、関東大震災時の地震の様子を知ることができる数少ない遺構と思われる（図14）。したがって今後は

旧相模川橋脚に関東大震災の痕跡を残す震災遺構という内容を加え、防災教育にも役立てる取り組みが必要である。

(3) 残された文化財保護の歩み

　前述したとおり旧相模川橋脚は、震災直後という混乱時でありながら出現後すぐに仮指定を受け保存された。これには沼田や柴田による調査や保存への素早い取り組みがあったことを忘れてはならない。指定に併行して大正末から昭和初期には保存のための整備が進められる。また昭和40年代には2回目となる整備も行われており、この間には整備だけでなく公開活用も行われている。こうした取り組みの内容は残っている資料のほか、発掘調査によってもその実態が明らかになっている。

　このように旧相模川橋脚には出現から約100年にわたる文化財保

図14　出現後の様子（南西から）

護の歩みが残されており、各時期における文化財保護への取り組みや課題を知り、今後に役立てることができる貴重な遺跡なのである。ここでは、指定後からの歩みを概観してみたい。

　第Ⅰ期保存整備　旧相模川橋脚に対する最初の保存整備は、指定の手続きを進めるなかで、初期保存池の計画が検討されていたようである。残念ながら整備時期に関する詳細資料は残っていないが、大正末から昭和初期にかけて行われたものであろう。

　第Ⅰ期保存整備は出現した橋脚を保存するために池を掘り、池を囲むように周堤を築いた保存池を設けたもので、こうした内容は当時の整備状況を示す写真によって知ることができる（図15）。また、神奈川県に保管されていた当時の設計書によっても内容が明らかになった。それによると、橋脚の保存は保存池を設け水漬けにするものであったが、すべてを水没させるのではなく上部の一部を露出さ

図15　初期保存池の整備

せ橋脚を見せることを意識している。また橋杭に上屋を設ける計画も見られ、直射日光を避け乾燥を防ぐことを目的としたものと思われる。さらに史跡としての標柱を設置することも検討していたことが明らかになった。しかしながら、何らかの事情で上屋と標柱は作られていない（図16）。

　発掘調査では、周堤や護岸のための杭列など当時の保存池が遺構として発見され、水田だったこの場所に造られた初期保存池がそのまま残っていることが明らかになった。周提に関しては、発掘調査で確認された内容と、保管資料とがほぼ一致することも判明している。

　なお、地元下町屋地区の青年団が橋脚の保存のために橋杭にコールタールを塗って腐食を防いでいたということが伝えられている。このことについては、^{14}C（放射性炭素）年代測定の結果で実際にそうした影響があったと指摘されている。

図16　初期保存池

コラム：まぼろしの橋杭保存上屋

　初期保存整備においては、橋杭は保存池で水漬けによる保存方法が取られた。発掘調査に併行して行われた資料調査で、神奈川県に保管されていた『橋杭保存上屋建設工事仕様書』の存在から、橋杭保存のために上屋を建設する計画があったことが明らかになった（図17）。

　それによると、桁行一間梁間一間の規模のものが2棟、桁行四間梁間一間と桁行六間梁間一間の規模のものが1棟ずつの計4棟が考えられていたようである。ただ、仕様と一緒に残されていた設計図では桁行三間梁間一間の切妻屋根構造を持つ上屋が描れていた。おそらく直射日光や雨などを避けること意図したものと思われるが、発掘調査ではその痕跡は確認できず、上屋は建設されていなかった。そしてその理由は不明である。

　出現90周年を記念して開催された特別展では、保存上屋を模型によって製作した（図18）。まぼろしの上屋は、模型ではあるが約90年後に実現された。ただし、上屋を支える柱は鉄筋コンクリートの杭柱を考えて

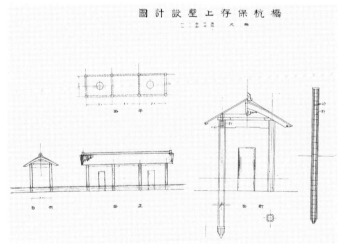

図17　「橋杭保存上屋建設工事設計図」の一部

図18　橋杭保存上屋復原模型

いたようで、地中への打ち込みも検討していたようである。発掘調査によって地中に土留め遺構が確認されたことを考えると、まぼろしとなったことで、これらの遺構はまもられたといえる。

　　公開活用の動き　出現後すぐに調査され、指定を受けて保存された橋脚であるが、初期における公開活用はどのようなものであったのであろうか。

　仮指定の翌月にあたる1924年5月に、当時の茅ヶ崎町長であった新田信によって雑誌『斯民』に橋脚のことが紹介されている。行政の長が取り上げていることは注目される。1927（昭和2）年には日本山水会が作成した『相模川名所番付　両岸対勝六十六景』に、東岸の前頭で「相模橋の古杭」として掲載されている。これは相模川の両岸における名所を力士に見立て東西33カ所ずつに分けて、番付と同様に順位を掲載したものである。とすると橋脚は指定を受けた

相模川名所番附

日本山水會選集

両岸對勝六十六景

丹澤世傳御料地　　　　　　　　　　　　　　　　　　　多摩の御挾々城

西　岸

横綱　丹澤山塊
大關　大山寺
關脇　國寶の藥師と鐘
小結　石老山の見晴
前頭　雨降神社
同　大山寺
同　阪東六番札所
同　三増峠古戰場
同　太田道灌墓
同　金目の櫻
同　厚木の遊船宿

行司

相模川の鮎下り
鳥屋の船下り
道志の泉曲り（道志川の香魚）
中津の背曲り（中津川の年魚）

年寄

世話役

勧進元

進　日本山水會
勸　野勝恆　元

東　岸

横綱　相模平野
大關　東笠置
關脇　國寶の觀音と鐘
小結　大ダルミの見晴
前頭　寒川神社
同　無量光寺
同　阪東八番札所
同　相模橋の古杭
同　大關越前守墓
同　倉見の櫻
田名の遊船宿

（昭和二年版）

翌年には、前頭四枚目に位置づけられており興味深い（図19）。

　また1932（昭和7）年に吉田初三郎によって作成された『神奈川縣鳥瞰図』には、県内の地名や名所が記されているが、このなかに「旧相模川橋脚」として記されており、一定の評価を受け広く案内されていたことを知ることができる（図20）。このほか絵はがきにもたびたび紹介されており、茅ヶ崎の観光名所として定着していたことがうかがえる（図21）。これらは史跡を名所として紹介しているもので、現在いわれている観光の視点をすでに取り入れていることになり、活用の柔軟さを見ることができる。

　さらに1928年には、鶴嶺小学校で編集された『茅ヶ崎町鶴嶺郷土史』や茅ヶ崎尋常高等小学校で発行された『生活の凝視と学校経営』に「旧相模川橋柱」として掲載されており、学校教育の場面において郷土資料として活用されていたことがわかる。

　保存整備が行われた橋脚は、こうした公開活用の働きかけによってその存在が知られ訪れる人も増えていったものと推測できる。この時期は史蹟めぐりが盛んに行われており、橋脚にも多くの来跡者があったと思われる。茅ヶ崎地域では「明朗の茅ヶ崎社」による史蹟めぐりが行われており、訪れた感想などを掲載した会報が刊行されている。このように積極的に公開活用に取り組んでいたことがうかがえる。

　第Ⅱ期保存整備　大正から昭和初期にかけて整備された旧相模川橋脚はその後、戦前、戦中、戦後と保存池で守られてきたが、昭和30年代以降には茅ヶ崎市も大きく都市化が進むようになり、橋脚周辺の環境も著しく変化が生じていくことになる。1965（昭和40）年には民間企業の武藤工業が工場建設のため史跡周辺の土地を入手し

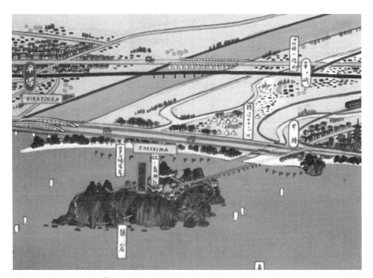

図20 吉田初三郎『神奈川県鳥瞰図』絹本彩色（昭和 7 年）より一部を掲載

図21 絵葉書になった橋脚（昭和期）

たが、工場建設と同時に保存池と周辺の整備を行っている。このことは同年6月9日付けの神奈川新聞に「りっぱな史跡公園に　文部省指定の旧相模川橋脚　茅ヶ崎進出工場が保存」という見出しで掲載されている。記事の一部には、

　　市教委が防腐塗料を塗ったり、除草をする程度の管理保存をつづけ市文化財保護予算も少ないため荒れるのもやむをえないとみられていた。しかし武藤工業は貴重な史跡を無視することはできないと工場建設に着手するとともに史跡市有地周辺の工場敷き八百三十平方メートルに五百万円を投じ公園化に着手、このほど立派にでき上がった。

と報じている。高度経済成長期の開発と保存が課題となっていく時代であり、記事では「荒れはてていた同史跡はやっと息を吹き返し

図22　第Ⅱ期保存池（北東から）

"史跡保存と工場進出"の難問題があざやかに調和した実例として注目されている」と評価している。

　第Ⅱ期保存整備では、初期保存池の護岸である周堤を含む周辺全体が大量の土で埋められ周辺地盤が高くなっている（図22）。このことは、発掘調査での土層観察から明らかになった。そして第Ⅱ期保存池は新たにコンクリート製の板と支柱で護岸が設けられ水深を増している。しかし平面形は当初の方形を継承することなく楕円形に変化し全体として保存池が小さくなってしまった。このため北西部に出現した橋杭が池の外側になってしまっている。これは初期保存整備から時間が経ち橋杭の存在がわからなくなってしまったからだと思われる。武藤工業はその後の維持管理においても保存池への水供給や定期的な水草除去などを継続しており、旧相模川橋脚の保存に果たした役割は大きい。

　第Ⅱ期保存整備が終了した5年後には、沼田が詠んだ漢詩が篤志家斎藤由蔵によって「湘江古橋行」詩碑となって建立される。こうした動きをみると、この時期は地域や郷土史家、それに企業などの協力を得て橋脚の保存が継承された時期と認識することができる。しかしながら見方を変えるならば、文化財保護を担う行政の弱さを露呈していた時期ともいえるであろう。

　　　コラム：湘江古橋行の碑

　保存整備された橋脚には1970（昭和45）年5月30日に建立された詩碑が建っている。碑には沼田頼輔が詠んだ漢詩が刻まれているが、建立の経緯については、茅ヶ崎市郷土研究会発行の『相模川橋脚詩碑と斎藤由蔵氏』に記されている。それによると、沼田は詩「湘江古橋行」をつく

りあげ詩碑を橋脚の地に建てたいという意向があったが、残念ながら果たせず世を去ることとなってしまった。郷土史家の鶴田栄太郎などがその思いの実現に向けて動いたが、鶴田も事なかばで他界してしまう。その後、詩の草稿は郷土を愛する有志によって幾重にも書き写され広まったが、これを目にした茅ヶ崎市在住の書家水越茅村が詩情豊かな内容に心打たれ筆をとり、表装を表具師の斎藤由蔵に依頼したところ、斎藤はこの詩の来歴に感銘し、詩碑建立を申し出たのである。そして茅ヶ崎市郷土研究会の塩川健寿などの努力により、茅ヶ崎市当局をはじめ地元の協力を得て実現の運びとなったものである（図23）。

　碑の篆額は当時の神奈川県知事の津田文吾によって「長留天地間」と揮毫されており、背面には沼田が詠んだ短歌「田の面に出でし相模のはし柱　むかしわたりしひとのしのばゆ」が刻まれている。除幕式には茅ヶ崎市長をはじめ多くの人が出席した。なお3回目の整備にあたっては詩碑を移動させず継承する形とし、新たに碑の説明を設置している。橋

図23　湘江古橋行の碑

脚には、こうした人たちの思いも込められており、その意義を伝えていかなければならない。

文化財保護の歩みから見える課題　旧相模川橋脚にみる文化財保護の歩みは、はからずもその課題についても示している。

　初期段階では、出現した橋脚を地元、研究者、行政がそれぞれの役割を果たし、いち早い文化財指定と保存整備を行うなど、この稀有な史跡を後世に継承していく基盤が作り上げられた。にもかかわらず、時間の経過とともに、当初の取り組みの姿勢は継承されず、加えて戦争という時代のなかで、看板も立て直されることなく過ぎていくことになる。指定後約40年が経過したとき、史跡保存と工場進出という事態が起きる。幸い、民間企業の理解と協力の下で史跡の保存整備は進められる。しかしこの整備によって初期保存池の平面形は変化する。そして単に平面形を変えただけではなく、本来保存公開すべき橋脚の一部を埋めてしまったという誤りを引き起こしている。この背景には、史跡の本質的価値の継承と維持管理への認識が不足していたからではないだろうか。指定の約80年後には橋脚の腐朽が進行するという状況が生じ、腐朽を止めるための３回目の整備となる。この背景には第Ⅱ期保存整備後に適正な管理がしだいに行われなくなっていた可能性がある。100年間の文化財保護の歩みは、まもるべき史跡の本質的価値の理解と、維持管理の重要性への認識が継続されなければ、保存と活用は頓挫してしまうという課題を示している。

第 II 部

遺跡のあゆみ

―発掘調査が語るもの―

第3章 | 発掘調査の概要

⑴ 発掘調査に至る経緯

　出現から80有余年が過ぎたころ、保存池の水面より露出している橋脚に傷みが観察されるようになった。傷みの主たる原因は腐朽菌と昆虫などによる生物風化であったが、それに加え空気にさらされている部分と水に漬かっている部分が乾湿を繰り返すことも劣化を助長させたと考えられた（図24）。

　この事態を受け茅ヶ崎市教育委員会は、2001（平成13）年度から国と県の協力を得ながら保存整備に向けての取り組みを開始した。保存整備を進めるには橋脚の状態を確認することが必要であり、ま

図24　発掘調査前の保存池

た大正期に指定された史跡であることから、これまで明らかになっていない下部構造などの解明も課題とされた。そこで保存整備に先立ち、初の発掘調査を実施することとし、合わせて関連資料の調査も行い、これらを基に保存整備を進めることとなった。

このように、旧相模川橋脚における発掘調査は2001年から始まったのであるが、橋脚における調査はこれまでどのように行われてきたのであろうか。前述したとおり、1923（大正12）年の関東大震災による出現後に沼田が現地に赴き調査を行っているが、その内容は出現した木柱の確認と位置などの測量記録作成であった。沼田の論文には水田から出ていない木柱に対して「竿にてつゝき又足にて踏むと地面下一尺許に埋没してあることがわかる」と記されており、地中における木柱の有無を確認していることがわかる。ただその内容は発掘調査というようなものではなかった。また沼田はその後の論文で「其後、更に二本を發見したようであるから」としているが、この発見が具体的にどのように行われたのかは明らかではない。

沼田が調査を行った約2カ月後に現地を訪れた柴田も調査を行っているが、その詳細は不明である。後述するが、発掘調査では橋脚を探そうとした近現代の掘り込みが確認されている。いつ、だれが掘ったのか現段階では不明であるが、この掘り込みが調べる目的であったとすれば、この行為が初めての発掘調査といえるかもしれない。初期保存池の整備に伴い行われた可能性もあるが、残念ながら確実な記録は見つかっていない。

(2) 調査研究史

　沼田と柴田によって進められた旧相模川橋脚の調査研究だが、それ以降の調査研究についてもみておこう。

　石野瑛の踏査　神奈川県の文化財審議委員を務めた石野瑛は、1925（大正14）年1月に橋脚を訪れている。このときの報告が1926年発刊の『武相考古』に記されている。それによると石野は橋遺跡であることを前提としており、内容は詳細に測り込んだ橋杭の大きさ、柱間隔などが記載されている。さらに相模川については、長い年月の風位、風力および地質の関係による土壌の浸蝕作用によって、河道が西遷したものとしている。ただ年代については、その位置や木材の浸蝕程度より鎌倉時代初期と推測し、稲毛三郎が架したものであろうか、という表現で結んでいる。

　また、石野は橋脚の位置や規模について細かく記録を取っており、沼田の記録との比較が可能である。さらに、注目したいのは石野の記述に「再調を行う」と書かれていることで、これにより以前にも現地を訪れていることがわかる。推測の域は出ないが、県の文化財審議委員として仮指定に伴う現地確認や意見を求められた可能性があるとするならば、仮指定前の1924（大正13）年4月以前に、沼田、柴田に続き訪れていることになる。あるいは柴田と同行した可能性も考えられるが、詳細はわからない。

　大場磐雄の来跡　考古学者である大場磐雄は、自身の調査日誌を記述したその著『楽石雑筆』で、1936（昭和11）年8月1日に旧相模川橋脚を訪れたときのことを以下のように記述している。

　　今池となりて一部をなし、傍らに標示あり、池中に水蓮咲きて美し、橋脚は七本立てり、丸木のままを使用せしものにして、

斜になれるものあり、また上部に切込みあるものあり。

　この中で注目されるのは「上部の切込み」である。残念ながら、大場がどの橋杭のことを言ったのかは不明だが、1936年段階で上部の切り込みが観察できる橋杭があった可能性がある。

　鶴田栄太郎の説明　郷土史に関心の高かった鶴田栄太郎は、1948（昭和23）年に発刊した『茅ヶ崎の面影』の中で、橋脚について筆者（鶴田）と帝国女子専門学校学生との会話という形で記しており、内容は沼田の考証に沿って説明している。前段部分で地震直後のようすの一端が語られており、当時地元の人は夢かと思ったり天変地異でこの先どうなるのか、と恐れたようすが述べられている。このほか、村人がはじめに茅ヶ崎の萩園にいる和田清に報告したことも語られており、前述した沼田調査への経緯がわかる。

　大岡実の検討　1978（昭和53）年に刊行された『神奈川県文化財図鑑、史跡名勝天然物篇』の旧相模川橋脚を担当した大岡実は、橋脚の本数について県の指定説明書では露出したものが7本と地下に隠れているものが3本で10本、また茅ヶ崎市の資料集では11本、別のパンフレットでは9本とされていることを紹介し、現在確認できるのは7本であると述べている。そして富士川や逗子市の田越川と同様相模川の川筋が昔は東に寄っていたものであることや、周辺の地名の状況などから鎌倉街道が相模川を渡るところに掛けた橋の橋脚の一部と認識した。また、時代については沼田同様『吾妻鏡』の記述から1198（建久9）年に稲毛三郎が架橋したものとしている。

　さらに遺構の検討を進め、ほかの発見事例（平城宮跡東院の園池、岩手県毛越寺、平泉の観自在王院、福島県内郷市の白水阿弥陀堂庭園、奈良市忍辱山円成寺庭園）との比較から橋杭の分類を行

い、平安期は面取り柱が本命であるとし、丸柱は中世以後のものと考え、確認できる橋杭は中世以後として差支えないとしている。さらに修復された可能性はあるものの、木材の耐久力などから出現している橋杭については架橋時のものである可能性を指摘している。橋杭について考古学的成果からの検討を行っていることは注目されるが、奈良時代に属する平城宮東院の例などは丸柱であり、単純に面取り→丸柱という流れが古→新という変遷にならない可能性もある。

　山口金次の記述　鶴田同様、地元茅ヶ崎の歴史にいろいろな資料を残している山口金次は、1978年刊行の『茅ヶ崎歴史見てある記』で橋脚に関して沼田の考証に沿って記述している。ただ最後に出現の本数について「橋脚は今は七本出ているが、当初は夏と冬の2回の地震で十一本出現した」と記しており、橋脚本数の混乱の状況がみられる。

　永野孝の説　地元茅ヶ崎の柳島に住む永野孝は、1989（昭和64）年に「文部省指定史跡「旧相模川橋脚」の精密調査を望む」という投稿の中で、橋脚であるか否かも含めて詳細な調査の必要性を呼びかけている。永野自身は、中島辺りの道筋、相模川の二川分流と架橋の位置、柱の太さなどの観点を調べ橋脚であろうと推定している。ただ架橋の位置や橋の長さ、川の流れと川幅、橋の幅、柱の長さと間隔などにいくつかの疑問が残るとしている。

(3)　発掘調査の目的

　2001（平成13）年から始まった旧相模川橋脚の発掘調査は、茅ヶ崎市教育委員会が中心となり進められた。ところで、遺跡の発掘調

査は目的によって大きく2種類の内容があることをご存知だろうか。ひとつは道路工事や建物建設など開発に伴い行われる調査、もうひとつは遺跡の解明や保存目的のために行われる調査である。どちらも考古学にもとづいた学術的な手法で行われる発掘調査であるが、開発に伴う調査は、記録を取る調査が終了すると、その多くは壊され消滅してしまう。それに対して保存目的の調査は、基本的に遺跡は保存されるという大きな違いがある。

　現在、国内で行われている発掘調査の多くは開発に伴う事前調査であり、保存目的の調査は数少ない。そうした中で保存目的で実施された旧相模川橋脚の発掘調査は、目的や内容について慎重に検討されたうえで開始された。調査は合計で3回実施されたが、2001年より開始された調査で目的として掲げられたのは、①橋杭の保存状態（水中部分および露出部分の状態）、②橋脚の位置（本数、配置、傾き）、③橋杭の下部状況（形状、付帯設備）調査、④橋杭の形状（大きさ、加工）、⑤橋杭の樹種、⑥橋構造の手掛かり、⑦調査地点の地形把握（河川堆積・土層など）、⑧地震による橋脚出現に関する手掛かり（地震痕跡）などである。また2004年、2005年の調査では新たに発見された中世土留め遺構や近現代整備遺構の確認が目的に追加された。

　なお、発掘調査の実施には文化財保護法にもとづく届出や通知が必要であるが、橋脚の調査では、この届出・通知に加えて、史跡であることから現状変更の許可が必要となる。史跡は現状を保存していくことが原則であり、発掘調査といえども、調査のための掘削によって、史跡の現状を変えてしまうことになるからである。

⑷　調査の経過

　旧相模川橋脚の調査では、台地などで行われる調査と違い低地遺跡ゆえの水対策が必要であった。保存池の底で標高が概ね０ｍとなり地下水が湧いてくることから、地下水位を下げるためにウエルポイントと呼ばれる強制的に地下水を汲み上げる工法を用いて実施した。おそらく出現時においても水が湧いていたと思われることから、当時の整備や調査作業も水との戦いであったのだろう。発掘調査は保存池の水抜きから始まったが、経過の一部をみてみよう。

　保存池の池底精査　調査開始時には、保存池の水面に水草が繁殖していた。これらを除去しながら水を抜き、水面が下がった段階で池内に生息する生物の調査を行ったが、めずらしい品種「カワアナゴ」というハゼ科の一種が発見された。これは「神奈川県レッドデータ生物調査報告書」で絶滅危惧種に位置づけられている種類で

図25　保存池の水抜きと泥土除去

あった。なお魚や亀などについては、生態系を壊さないように放流処置した。

　水を抜いた段階で確認したところ、予想通り泥土が厚く堆積していたことから、バキュームを使用しての浚渫を始めた。しかし、泥土の量が多く、全部の吸い上げは難しいことから、泥土をある程度乾燥させた後に人力によって池底まで掘り下げた（図25）。したがって、この段階をもって保存池の発掘がスタートしたともいえる。泥土から出てきたものは、酒瓶、ビン、缶、ゴルフボール、釣り関係道具などで、大量にゴミが投棄されていたことが判明した。これは後述するが、昭和40年代の整備後、保存池がいつしかいわば「釣り堀」化してしまった証でもある。また、酒瓶はこの保存池が桜の名所地となったことから、花見宴の際に放り込まれたのだろう。

　泥土を除去し保存池の底を精査した段階で、水面より上ではみることができなかった橋杭２本を確認することができ、保存池には９本あることが判明したのである。また、池底精査では初期保存池整備以降の遺構も確認された。中央部分では橋杭を囲む木組み遺構が見つかり、北側では池底が全体に掘り込まれていた。この北側掘り込みからは多量の出土物が確認され、その中には1941（昭和16）年作成の説明看板なども見つかっている。池底精査と並行して水中部分での橋杭の保存状態を観察したが、露出している部分よりも状況はよく、水漬保存が有効であったことがわかった。

　橋脚の詳細調査　2001年調査では、橋脚は保存池内で９本確認され、規則的に配置されていたことも確認した（図26・27）。このうち３本を対象として下部の発掘調査を行い、橋杭の大きさや形状、

図26　池底精査

図27　発掘調査状況

設置状況など、これまで不明だった下部のようすを明らかにした。橋杭は下部が細くなり先端が尖っており、単独で設置されていることが判明したが、諸説あった本数については、2004年に保存池の外側を追加調査し、新たに１本が確認され10本であることを確定させた。また橋杭上部の加工状況も明らかにすることができ、桁橋構造であることが判明した。さらに調査では地震痕跡である液状化現象を示す噴砂や河川堆積を示す地層も観察している。

　土留め遺構の発見　2004年の調査で橋脚の北側から新たに角柱と厚板が発見されたことから、2005年にも調査を実施し詳細を確認した。その結果、厚板２枚と角柱６本で構成されている土留め遺構であることが明らかになったが、調査範囲よりさらに東西それぞれに拡がっていることから、全容を把握することはできていない。

　複合遺跡の確認　３回の調査で、橋脚の保存整備に関わる近現代

図28　橋杭と地層の造形保存

遺構が確認され、周提と土留め柵を有する初期保存池が残存していることが確認された。また、水田より下で中世の土坑墓群、さらに下部砂層では古代遺物が確認され、橋脚が複合遺跡であることが判明した。

　調査の公開　3回の調査では現地見学会を開催し、なかなか見ることのできない橋脚を多くの人に公開した。また調査の成果は、茅ヶ崎市で毎年実施している遺跡調査発表会で報告し周知を図った。さらに調査後の保存整備や公開・普及時に役立てるために地層の剥ぎ取りや橋杭の型取りなどの造形保存を行った（図28）。

　報告書の刊行　実施された発掘調査の結果については、報告書を作成して刊行している。保存整備が終了した2008年に刊行した『史跡　旧相模川橋脚』は、第1次〜3次確認調査の結果と保存整備事業の報告、それに橋脚に関する資料などをまとめたものである。このほか第1次調査に関する概報を茅ヶ崎市の埋蔵文化財調査報告として刊行し、また地質調査や現況調査などをまとめた報告書も作成している。

第4章 | 中世橋遺構——調査成果①

　調査の主目的である鎌倉時代の橋遺構については、保存池の池底精査段階で保存状態の観察を行うとともに本数や位置を確認し、橋脚の規模や方向を把握した。また発掘調査では地中における橋脚の下部形状などを確認したほか橋構造などを明らかにした。さらに新たに発見された土留め遺構の把握にも務めた。

(1) 橋　脚

　調査前まで橋杭の本数については、7本、9本、10本、11本など複数の説があった。2001（平成13）年調査では保存池内を対象として実施したが、水面より出ていた7本に加え池底精査により2本を確認し、計9本の存在を把握した。沼田が作成した図面では9本が示されており、この本数が正しいと思われたが、沼田はその後、地元の人の話としてさらに2本見つかったとし11本と報告している。また、国指定時の説明では10本とされていることから、初期保存池部分での検証を行う必要があると判断し、保存池の北西外側部分の発掘調査を行った。その結果新たに1本を確認することができた。さらに、橋杭が規則的に配置されていることを前提とすると、本来あるべき南中央と南西部にも見つかる可能性があるため、この部分で調査を行ったが認められず、橋杭の本数は全部で10本であることを確認した。

図29は確認された橋杭の位置を示したものである。橋杭は地震によって動いていることから、高さや傾きなどは当時の原位置を示すものではないと思われる。しかしながら平面位置は当初の場所を示している可能性が高い。このことを前提に橋杭の配置をみると、北東から南西方向へほぼ直線に 3 本と 4 本が並ぶ列が 3 列、北西から南東方向に 3 本が並ぶ列が 3 列確認でき、規則的に配置されていることがわかる。北東から南西方向が長く、その方向は N − 45.5°− E とやや東側に振れている。また橋杭の間隔をみると、北東から南西に 4 本並ぶ間隔の平均は10.45 m、北西から南東に 3 本並ぶ間隔は平均4.34 m である（図30）。

　確認できた橋杭10本について、少々長くなるが個々の様子をみてみたい。

　橋杭№ 1 は先端までの調査を行ったもので、残っていた長さは3.73 m であった（図31）。上端の標高は2.42 m で北東方向に約 8 度傾いている。断面はほぼ円形の丸柱で面取りはなく表皮は残存しない。最大径が中央部にあり68 cm で、胴まわりは198 cm である。保存状況は露出部分では腐朽が激しい。一部が空洞になっており、白蟻による傷みが観察できた。水面下も全体に脆弱になっているものの芯部分は残存している。一方、池の泥土を除いた下部では保存状況はよくしっかりとしていた。形状は下部にいくにしたがって細くなっており、手斧による加工痕が観察できた。先端は大きく 4 ～ 5 面に面取りを行って尖らせている。一部に防腐剤として塗布されたコールタールが観察できた。樹種はヒノキである。

　橋杭№ 2 は10本の中で最も高く持ち上がっている（図32）。上端の標高は2.63 m で南東方向に約 9 ～10度傾いている。断面はほぼ

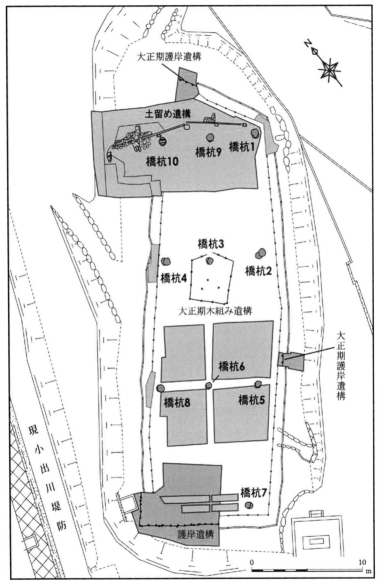

図29　旧相模川橋脚平面図

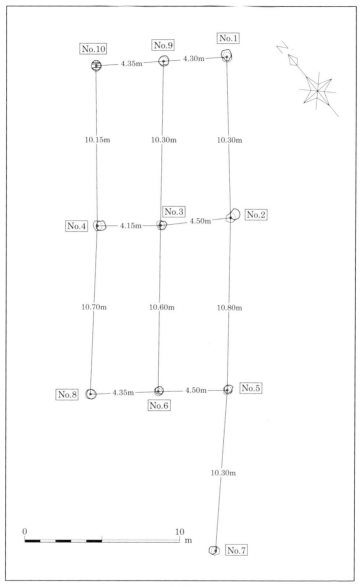

図30 橋杭配置図

円形の丸柱で表皮はなく、太さは径61〜64 cmで胴まわりは上部から203 cm、198 cm、189 cmとだんだん細くなっている。橋杭の北側面には幅5 cm長さ24 cm深さ約2 cmの切込みがみられる。この切込みがいつ刻まれたものか不明であるが、池の水面と平行なことから当初からでなく、出現後に刻まれたものと思われる。残存状況は、全体に良好である。また泥土を除いた部分でも良好で、防腐剤として塗布したコールタールが観察できた。樹種はヒノキである。

橋杭No. 3は、傾きが最も少なく周囲に大正期の木組み遺構が確認されているものである（図33）。上端部で標高2.12 mを

図31 橋杭No. 1

測る。全体に南東方向に3〜4度傾いている。断面はほぼ円形の丸柱で表皮は残存しない。太さは径が52〜55cm、胴まわり175cmである。残存状況は露出部分では腐朽が激しく、内面が空洞になっており苔などが繁殖していた。本来の形は残存していない。水面下では、全体に脆弱になっているものの芯部分は保存されている。泥土を除いた部分は良好に残存している。樹種はヒノキである。

橋杭№.4は、傾きが大きく南東方向に9〜10度傾いている（図34）。上端部の標高は2.2mであり、断面はほぼ円形の丸柱で表皮は残存しない。太さは径が62〜65cm、胴まわりは上部から204cm、200cm、202cmである。残存状況は、露出部分では表面が荒れている。また、内面は腐朽が激しく空洞化しており白蟻による痛

図32　橋杭№.2

図33　橋杭 №.3

みがみられる。水面下では、全体に弱くなっているものの芯部分は保存されている。泥土を除いた部分は良好であった。塗布されたコールタールが観察できた。樹種はヒノキである。

　橋杭№5は先端まで調査したもので、確認できた長さは3.65mである（図35）。上端部の標高は2.38m、また先端部の標高は−1.28mで南東方向に4〜5度傾いている。断面はほぼ円形の丸柱で表皮は残存しない。太さは径59cmで胴まわりは平均177cmである。上端部は朽ちてしまい原形を保っていないので当時の様子はみられないが、古写真ではほぼ平坦にみえている。残存状況は、露出部分では腐朽が激しく形は残っていないが泥土を除いた部分は良好であった。形状は下部にいくにつれて細くなっており先端部は尖っている。下部には横木などの組み合わせはなく独立した1本であった。また観察できた範囲では、切込みなどの加工はみられなかった。細部を観察すると木材を整形し

た痕跡がみられたが、先端より1mの部分から下方向に手斧痕がきれいに観察できる。途中で手斧痕が変化し、下部になるほど目が細かく太さの調整をより細かく行っていたものと思われる。さらに先端から約37cmの部分では斜めに大きな削り面がみられたが、これは先端を尖らせるための削りと思われる。なお先端から70cmの部分より下約60cmの間は、全体に擦れた状況になって

図34　橋杭№4

図35　橋杭№ 5

おり、本来の整形痕が観察できなかった。橋杭を設置するときに受けた二次的痕跡の可能性がある。上部ではコールタールの残存も観察できた。樹種はヒノキである。

　橋杭№ 6 は露出部分で苔や草が繁殖し、白蟻による腐朽も激しく原形を保っていない（図36）。上端部で標高は2.24 mで南東方向に 9 度傾いている。断面はほぼ円形の丸柱であるが、表皮は残存しない。太さは径約53〜55 cm で、胴まわりは上から180 cm、176 cm、168 cm でだんだん細くなる。水面下での保存状況は、表面が全体に弱くなっているものの芯部分は保存されている。また発掘調査で確認した地中部分は良好で、地震によ

る浮き上がりによって起きた地層の引きずり状況が観察できた。樹種はヒノキである。

　橋杭№7は太さが最も細く、唯一西側方向に傾いている（図37）。上端部の標高は1.85ｍで北西方向に約8度傾いている。断面はほぼ円形で丸柱で表皮は残存しない。太さは径47～48cmで、胴まわりは平均177cmである。露出部分では腐朽が激しく、空洞部分が多く苔や草が繁殖しており外面も荒れていて脆い。水面下では、表面は全体に弱くになっているものの芯部分は保存されている。また泥土を除いた部分は、ほぼ良好な状態だった。樹種はヒノキである。

　橋杭№8は、浮き上がりが少なく、上端部の標高は0.9ｍで南東方向に約6度傾いている（図38）。断面はほぼ円形の丸柱であるが

図36　橋杭№6

図37　橋杭№7

表皮は残存しない。太さは径62〜65cmである。水面下に位置していたことから、残存状況は全体に良好であり、当初の形を観察できる。確認時には上部に大きな礫が置かれていた。発掘調査で確認した下部の保存状況もよく、液状化との関係が観察できた。樹種はヒノキである。

　橋杭No. 9は10本の中で最も太く、上部にはわずかであるが加工痕が残る（図39）。上端部の標高は0.83mで、南東方向に5〜6度傾いている。断面はほぼ円形の丸柱だが、表皮は残存しない。太さは径64〜69cmで、胴まわりは平均205cmである。水面下に位置していたことから残存状況は良好である。上部はほぼ平坦であるが、わずかに凹凸が観察できた。凹凸は中央を境にして東西に観察され、形は不整方形で短辺28〜30cm、長辺30〜32cm、深さ約1cmである。また端には5cm×10cmの三角形の切り込みがみられる。

図38　橋杭No. 8

東側にも同様な不整方形の凹みと端の切り込みがみられる。また、上端部から55〜70 cm 下の側面部分で、幅14〜23 cm の凹みを観察した。樹種はヒノキである。

　橋杭№.10は上部に加工痕が観察できる（図40）。上端部の標高は最も低く0.45 m であった。北東方向に7度傾斜している。断面は円形の丸柱で表皮は残存していない。太さは径63〜66 cm で、胴周りは平均202 cm である。地中に位置していたことから保存状態は良好である。上部は円形断面の中央を幅28 cm で東西方向に穴状に加工されている。深さは24〜28 cm で、加工された下面には浅い段が付いており、東側35 cm がやや低くなっている。また東端側には三角形の切り込みがみられ、斜め下方向に5 cm 削られている。三角形の大きさは5 cm×20 cm である。西側には切り込みは観察できない。樹種はヒノキである。

　以上から10本の橋杭の内容についてまとめてみると、橋杭の長さは先端部まで調査を行った橋杭№.1で3.7 m、橋杭№.5で3.65 m であった。ただこの長さは残存しているものであり、上部は朽ちており全長は不明である。また太さは最も太いもので橋杭№.9の径69 cm、細いもので橋杭№.7の径47 cm である。橋杭の断面は円形をしており、きれいに丸く仕上げられている。樹皮や辺材は確認されておらず、加工されたことを考えると木材は大きなものを使用したと思われる。形状は下

図39　橋杭№.9

部にいくにしたがって細くなり先端は尖っていた。

　下部の加工は手斧を使用した痕が残っており、最下部は面取りしながら先端を尖らせている（口絵4頁下）。また先端まで確認した橋杭№1と№5とも横木などの組み合わせはなく、単独で設置されていることが明らかになった。こうした橋杭を正確に設置するには高度な技術力が必要と思われる。設置方法については柱穴などの遺構は確認できなかったことから、掘立ではなく打ち込みなどが考えられるが、先端があまりつぶれていないことや、橋杭下部の一部に擦れたような痕跡が観察できることから、橋杭を揺らしながら入れ込んでいった可能性もある。

　一方、上部については橋杭№9と橋杭№10で加工痕をみることができた（口絵4頁上）。橋杭の側面に横方向の直方形の穴をあけており、形状などからここに貫を通して橋杭同士を固定するための貫穴と思われる。貫穴の幅は2本とも28cmと同じであり、使用された貫の大きさを考える材料となる。また貫穴の下面には三角形の切り込みが確認された。側面に向かって下方に傾斜していることから、水抜き機能を意図した切り込みと推測される。このことから橋杭

図40　橋杭№10

は水が被ることを前提に造られことが判明した。

　橋杭に使用された木材はすべてヒノキであることが樹種同定より確認された。したがって木材調達にあたっては、同種のものを選んだ可能性が高い。また木材を天地逆に使用していることも観察された。おそらく先端を尖らせる杭形状であることから、加工に際して木の上部を橋杭の下部にすることで効率的に尖らせるための工夫であろう。また、橋杭№9で見られた側面の段差は橋杭を全周しており（図41）、まるで締め付けたような圧痕に見える。推測の域を出ないが、木材を切り出して搬出する際に巻き付けられた用具の痕跡かもしれない。

　なお、池底精査ならびに発掘調査では橋脚関係の出土遺物は発見されなかった。

(2)　**土留め遺構**

　この遺構は新たに橋脚の北側で発見されたもので、厚板2枚と角柱6本で構成されており、位置や構造などか

図41　橋杭№9側面状況

ら土留め機能を有すると考えられた。橋杭No.10の調査のため周辺を掘り下げたときに角柱の上部を発見し、付近を確認したところ角柱３本と角柱の北側では２枚の厚板が確認された。このため西側を拡張する形で調査を実施した結果、角柱がさらに２本確認され、同時に北側では礫が積まれていることも明らかになった。

　土留め遺構は、東西方向に立てられた２枚の厚板（便宜的に東側のものを厚板東、西側のものを厚板西と呼称する）と、厚板の南側に角柱６本が接する形で置かれている。東西側とも調査区外に延びており全容は明らかにはなっていない。厚板西はやや南に折れるよ

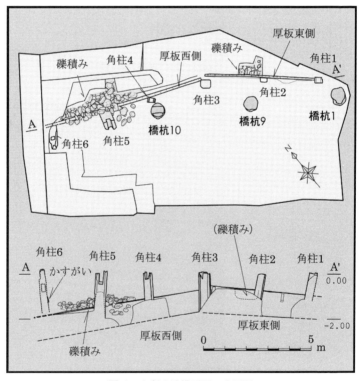

図42　土留め遺構平面・立面図

うに曲がっているが、両方の厚板をあわせた長さは12.08ｍであった。角柱は基本的に面が厚板に接するように立てられており、間隔は平均2.60ｍである（図42）。砂層と砂礫層で覆われており湧水する深さである。地震による影響については、周囲で液状化が生じていたことは見受けられたが、動きは明確でなく、地震の影響があったとしてもわずかであった可能性がある。

　厚板と角柱を個々にみていくと、厚板東は北西から南東方向Ｎ－48°－Ｗに設置されており、北側に３度傾いた状態で立てられていた（図43）。断面はわずかに弧を描いている。また西側がやや高く東側に傾いており、角度は６度を測る。厚さは６～８cm、幅１ｍ８cmの一枚板である。長さは４ｍ98cmまで確認できたが、前述のとおり調査区外に延びており明らかでない。樹種はヒノキである。南面はほぼ平坦に加工されており、きれいな面となっている。

図43　厚板東

これに対して一部確認できた北面は凹凸が激しく残存が悪い。この凹凸の原因はフナクイムシの可能性がある。南面には幅10.7 cm 長さ40.5 cm の不整方形に加工された穴が3カ所で確認された。3カ所の間隔は162 cm と177 cm である。加工された穴には別な木材が充塡されていた。西側の穴では充塡材がなく厚板を貫通しており、断面は厚板に対して斜め方向に抜けるように開けられている。このことから別材は斜めに充塡されていたことがわかった。穴部分ではわずかに手斧痕がみられることから、充塡材の出っ張りを削り取っている可能性がある。なお充塡されている木材の木目は厚板と異なっていた（図44）。また厚板の側面には小穴が25カ所みられた。穴の大きさは一様でないが、径は最大2.5 cm 最小1.0 cm で深さは4.6～12.2 cm である。穴の間隔は15 cm で、このうちの1カ所には

金属製品が打ち込まれていた。シリコンを用いて穴の型取りを行ったところ、平面が不整の方形で断面は先端が細くなり尖っている形であることから金属製品は釘状のものと思われる（図45）。

厚板西は、北西から南東方向 N−48°−W に設置されており、ほぼ垂直に立てられていた（図46）。断面はやや弧を描

図44　厚板東の加工部分

図45　厚板東の加工部分と側面小穴（矢印は鉄製品）

図46　厚板西

いている。東側が高く西側に8度傾いている。大きさは厚さ12cm幅92cmで、長さは6.90mまで確認したが、こちらも調査区外に延びており全長は不明である。樹種はヒノキで一枚板である。

南面には、厚板東と同様に加工された部分が見られた。一部しか観察できなかったが、加工の大きさは下部幅11〜12cm上部14〜16cmで厚板東と同様に別材が充填されていた。また側面には22カ所の小穴が観察できた。穴の大きさは最大3.0cm最小1.5cmm深さ7.3〜13cmで、穴の間隔は平均30cmである。穴の平面形は不整の方形で断面は先端が尖っていると思われる。

角柱は、全部で6本確認した。すべて厚板の南側に位置しており、角柱4以外は角柱の広い面が厚板側に向いて接している。角柱5と6は上部が大きく南側に傾いている。角柱の間隔は最長で2.7m、最短で2.2mである。角柱の形状は断面が長方形と変形六面形の2種類に分けられるが、上部が加工されているものもあり一様ではない。保存状態は良好であっ

図47　厚板と角柱3

た。これらを覆っていたのは、砂層と砂礫層である。(図47)。

　角柱1は北西方向に5度傾いており、長辺38cm短辺28cmの断面不整方形の直方体で西面と北面はほぼ平坦に面取りされており、上部には幅18〜20cm深さ2cmの加工が観察できる。樹種はヒノキである。角柱2は南東方向に12度傾き、長辺34cm短辺20cmの断面長方形の直方体で四面とも平坦に面取りされている。樹種はヒノキである。角柱3はほぼ垂直に立っており、断面が変形六面体で各側面はほぼ平坦に面取りされている。大きさは北側の長辺が52cm、南の短辺は36cm、東西辺が26cm、角の側面辺が13cmである。また上部には約5cm削り出されたような段がついている。樹種はヒノキである。角柱4は厚板西の南側に位置しており、北西方向に5度傾いている。長辺37cm短辺26cmの不整方形の直方体で観察できた東面はほぼ平坦に面取りされており、上部中央に幅21cm深さ29cmの加工が観察できる。樹種はヒノキである。

　角柱5はすこし様相が異なり、南に大きく16度傾き、さらに東へ

図48　角柱5

5度傾いている（図48）。断面は変形六面体で各側面ははぼ平坦に面取りされている。大きさは北側の長辺が51〜53cm、南の短辺は34cmで、東西辺が27〜28cm、角の側面辺が13〜14cmである。また上部中央には幅18〜19cmのホゾ穴状の凹部が見られる。深さは36〜61cmである。北側面の中央部分には上下にまっすぐ細い溝状のくほみが観察でき、くほみが終わる場所で横方向に直交する同様なくほみも見られた。これらが人為的なものかどうかの判断はむずかしいが、この部分を含む北面に何かを押し当てられたような状況があった。樹種はヒノキである。

　角柱5と厚板西との間から古銭が4枚出土している。内容は開元通寳（初鋳造年960年）、大観通寳（初鋳造年1107年）、元祐通寳（初鋳造年1086年）、元豊通寳（初鋳造年1078年）である（図49）。

　角柱6は南西方向に20〜22度傾いている。長辺33cm短辺28cmの断面不整方形で側面ははぼ平坦に面取りされている。確認できた

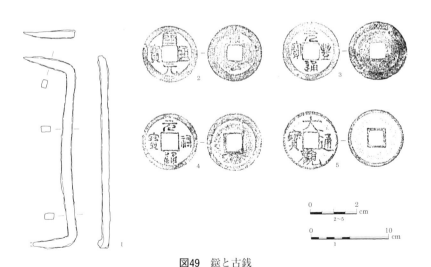

図49　鎹と古銭

長さは 2 m 6 cm で上部は朽ちたためかやや細くなっている。側
面には穴状の加工が見られた。加工の大きさは長辺37 cm、短辺17
cm の方形である。樹種同定は行っていない。なお東側面で鎹が確
認された。鎹は上部だけが刺さっている状態であった。全長が23.5
cm、断面が四角を呈しており、両端がほぼ直に折れ曲がり先端は
細く尖っている（図49・50）。

　厚板の北側から礫が複数確認された（図51）。礫の範囲について
は全容を捉えていないが、有無確認のために行った数カ所ですべて
発見できたことから、厚板の北側全域に存在する可能性は高い。ま
た厚板西の一部と角柱5周辺では南側にも礫が広がっていた。これ

図50　角柱6と鎹（右。左は鎹の拡大）

図51　礫積み

図52　礫積み部分の木杭

については厚板西の西側が大きく下に傾斜していることから、厚板の北側にあったものが、何らかの作用で南側に動いた可能性がある。礫積みの高さについては、上面の調査にとどめたことから不明である。礫は大きいもので人頭大のものもあり、こうした礫は周辺では見あたらず、意図的に集められたものであろう。また礫部分では数カ所で木杭が打ち込まれており、礫の固定を意図したものであろう（図52）。

以上、厚板と角柱、礫積みをみてきたが、新たに発見されたこの遺構は、厚

板2枚と角柱6本で構築されていると思われ、東西方向に13m以上の長さを有している。立てた厚板を角柱で支えている状態から土留めを意図したものと考えられる。川岸あるいは橋台の護岸機能が推測され、橋脚に関連する遺構と思われる。時代については、上層から発見された土坑墓群（16世紀）より古いこと、厚板と角柱の間より出土した古銭（12世紀代初鋳）より新しいこと、さらに厚板の年輪年代測定データも援用すれば、おおむね中世前半の範疇が想定される。なお厚板と礫の間から出土した古銭は、土留めを構築する際に埋納された可能性が高い。

　ところで、厚板と角柱に使用されている部材は再利用された転用材と思われる。転用前の用途については、船材や建築部材、橋に関わる部材などいくつかの可能性が考えられるが、現段階では決め手がない。ただ厚板で観察できる特徴（①厚板西の断面が緩やかに弧を描いている。②厚板には貫通する方形の加工がみられる。③厚板側面に小穴が複数みられる）をもとに想像力を逞しくするならば、船材の可能性が高い。すなわち、厚板は船を構築する側面材である「棚」で、加工部分は「棚」に開けられた「船梁」を通す部分、そして側面の小穴は、「棚」を繋げるための「ダボ」が打ち込まれた痕と想定することができる。加えて厚板東の北側面で観察された凹凸がフナクイムシの痕跡であれば、船材としての蓋然性は高くなる。もし船材であるとしたら、中世における船資料として貴重であり、旧相模川橋脚に新たな価値を加えることとなる。いずれにせよ、こうした規模の木材の出土例は少ないことから資料的価値は高いと思われる。

　新たに発見された土留め遺構については、いくつかの変遷を想定

することができる。

　発見された厚板西の方向と橋脚との位置関係をみると、北側の橋杭3本の方向と比べて厚板西は斜めの南西方向に設置されている。また厚板西を支える角柱4は橋杭10とわずか10cmしか離れていない。土留めをこれほど橋脚の近くに設置するとは考えにくく、さらに板の方向は水の流れる方向に対して弱い角度となってしまう。こうしたことから、厚板と角柱は架橋当初からのものではなく、何らかの必要性が生じたことによって構築されたものと思われる。そこで礫積みについてみてみると、前述したとおり礫の間に数本の木杭が打ち込まれており、礫を固定していたことがわかる。このことから礫積みだけでも護岸機能は可能であり、架橋当初の護岸は礫積みだけであった可能性が高い。そして架橋後、洪水などによって礫積みが崩れてしまい、礫を抑えるために厚板と角柱を使用した土留め

図53　流された礫

を構築したものと考えられる。西側の崩れが大きかったことから、修理時に厚板西は斜め南西方向に設置されたのだろう。

　しかしながら、修理された土留めも再び洪水などの流れによって崩壊してしまう。そのことを示すのが角柱5と6の大きな傾きと、厚板西や角柱より南側で確認された複数の礫である（図53）。発掘調査で発見された状態は、急流を受けたときの姿を示しているものと思われ、このときに橋も崩壊してしまった可能性が高い。こうしたことから、架橋当初は礫積み護岸であったが、洪水などにより崩れ、修理時に厚板と角柱を用いた土留めで補強されたが、再び洪水などで崩壊した、という変遷を考えることができる。

　なお崩壊の時期については不明であるが、土留め遺構で修理されたのは中世前半であり、橋の耐用年数を考えると同じ中世前半と思われる。いずれにせよ土坑墓の存在から16世紀代には橋としての機能はなくなり埋没している。

コラム：橋脚の年輪年代測定

　調査では橋脚の年輪年代測定を実施している。調査は奈良文化財研究所の光谷拓実に依頼し、2003年と2004年の2回実施した。結果は図54のとおりであるが、ここでは報告に沿って年輪年代による橋脚の概要をみてみたい。

　測定を行ったのは橋杭10本と東西の厚板である。これらの樹種はいずれもヒノキで、ヒノキの暦年標準パターンが使用されている。また橋脚の年輪数は年輪パターン照合の際に一応の目安とされている100層より多く、年輪数が最多だったのはNo.10の549層、最も少ないのはNo.3の174層であった。また辺材は残っておらず、得られた年輪年代は原木の伐採

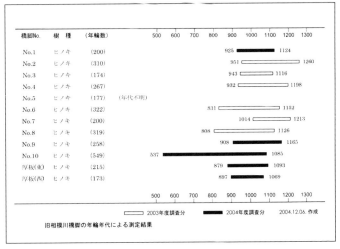

図54　年輪年代測定表

年の上限年代を示しているとのことである。このうち橋杭№5は測定が不可能であったが、その他は測定でき、結果から２つのグループに分かれることが読み取れるという。すなわち橋杭№2、№4、№7は1200年代のもので、伐採年代は13世紀末から14世紀初めと推定。それ以外のものは1100年代後半から1200年代初めにかけての伐採を推定している。したがって、後者のグループは架橋当初の橋杭群の可能性があるとされる。一方前者のグループは改修時に取り替えられたものである可能性を示しているが、伐採年代を確定できる形状の橋杭がないためいずれとも判断しがたい、と報告されている。

　年輪年代測定では、橋杭が中世段階のものであることを明確にし、しかも時期差があることも明らかにした。時期の特定はできないものの、橋の改修があったことを示すものであり大きな成果であったといえる。

(3) 遺跡から見た橋

　発掘調査によって得られた結果から、橋脚について整理しておきたい。

　沼田が確認した関東大震災によって出現した木柱は、下部調査によって先端が尖る木杭であることが明らかになった。木杭は単独で打ち込まれたものであるが、位置と間隔の確認により規則的に配置されていることがわかり、10本の木杭は関係性を持っていて2間×3間の構造物を想定することができる。この構造物は北東から南西方向に長く、その規模はおおむね短辺8.68ｍ×長辺31.35ｍ以上と推測できる。

　構造物の内容については、木杭の内容から絞り込むことができた。具体的には、残存していた木杭上部の加工痕が観察されたことで、木杭側面から開けられた穴で、その機能は貫を通すための貫穴と考えられた。また貫穴の下面には切り込みがあり、この切り込みが水抜きのためと推測できることから、水との関わりがある構造物であることになる。したがって貫が通る方向から2間方向の木杭3本が一組で機能する橋脚と考えられ、そこに梁が載せられ直行する3間方向の4組の橋脚に桁が載る桁橋構造の橋であることが判明した（図55）。ゆえに木杭は橋杭である。また、新たに発見された土留め遺構は、架橋された川岸あるいは橋台などの護岸を意図したものと思われることから、構造物が橋であることを裏づけるものである。さらに木柱が出現した地点の地形が旧河道であることも地層から確認された。

　橋の年代については、橋に直接関わる墨書などを伴う出土遺物がなく特定することはできない。しかしながら、橋脚と関係が深い土

留め遺構の年代と橋杭の年輪年代測定データを援用すれば、おおむね中世前半が想定される。

　橋の上部構造は、手がかりとなる資料がなく推測の域を出ない。しかし橋の規模については、確認できた内容から推定すると橋幅約9ｍ弱、長さ30ｍ以上となる。また橋の方向は、おおむね北東から南西方向に架けられ、これに道が接することになるのであろう。なお川の流れは橋に直行すると思われることから、おおむね北西から南東方向に流れていたと考えられる。ところで橋が架けられた川であるが、想定される橋の長さは約30ｍ以上になり、河口近くの相模川本流がこの川幅である可能性は少なく、むしろ河口近くで多数に枝分かれする相模川分流の一本と考えたほうが素直であろう。

　橋の架橋については、年代と同様に直接架橋者に結び付く墨書資料などは出土しなかった。しかしながら、橋脚に使用された木材、土留め遺構の部材などが背景を考える際の重要な手掛かりとなっ

図55　再現した橋の模型

た。橋脚の調査現場を確認した古代建築の研究者・村田健一は「使用している材料が大径材のヒノキである。ヒノキは日本を代表する名木であるが、6・7世紀の都城整備や寺院建設などに伴う乱伐で奈良時代には西日本では取り尽くされてしまう。したがって、平安時代以降は国家的事業あるいは中央にいる一握りの権力者しか使用できない希少な材料となった」とし、また橋の規模についても「柱間隔が幅約9.5 m、長手方向が約10.5 m は当時としては最大のものであった」と述べている。したがってこの橋の架橋事業には、材料調達や技術者の確保など権力や財力を持ち合わせている当時の有力者のかかわりを推測することができる。

　また中世東国においては、渡河の手段としては渡船と舟橋が考えられ、固定橋を架ける例は少ないとされる。そうした中この地に架けられた橋は、当時政治の中心であった鎌倉から西に約15 km の位置にあたり、西に向かう京往還に建設されたと思われ、鎌倉の外郭線としての意義づけを持たせるなど、鎌倉幕府と密接な関係がある橋だと考えられる。

　こうしたことを考慮すると、旧相模川橋脚は沼田が考証したとおり、吾妻鏡に記載されている相模橋である可能性は高いと言える。

第 5 章 | 近現代遺構──調査成果②

　発掘調査では、橋脚の保存に関する複数の近代遺構が明らかに
なった。これらの遺構は、当時の人たちの文化財保護に対する考え
や保存の方法を知ることができる資料である。時期は指定を受けた
大正末〜昭和初期における第Ⅰ期保存整備と1965（昭和40）年以降
に実施された第Ⅱ期保存整備に分けられる。第Ⅰ期においては初期
保存池、木組み遺構、北側掘り込み、南側掘り込みなどが確認さ
れ、出現した橋脚の保護に対する取組みがわかる。また第Ⅱ期では
第Ⅱ期保存池が確認され、出現から約40年後に生じた周辺開発に伴
い実施された内容をみることができる。

⑴　初期保存池

　初期保存池は出現した橋脚を保存するために整備されたものであ
る。その形は、一辺が長い不整な方形をしている。規模は長辺が38
.5ｍと33.4ｍ、短辺が12.7ｍと12.8ｍで、構造は水田を掘り込み貯
水池を設けその池を取り囲むように外側には盛り土した周堤を築い
ている（図56）。

　初期保存池の発見は、橋杭№.10確認のために実施した2004年の調
査時に木杭と横板で構成される柵が確認されたことによる。この発
見を受けて数カ所で柵の有無を確認した結果、すべてで残存が確認
され全周していることが判明した。また2005年の調査では、この柵

の外側が土盛りされていることも明らかになった。土盛りは南側で
も確認されたことから、柵と同様に保存池を全周していると思わ
れ、貯水池と周提で構成される初期保存池が残存していたことが判
明した。また柵は周提盛土の土留め用であることも明らかになっ
た。

　盛土によって築かれた周堤は、断面形が角の取れた台形で下辺が
約2.2 m、上辺が約1.5 m、高さは約90 cm であった（口絵7頁上）。
盛土は水田の土である青粘土の上面から観察でき、水田面に直接盛
土して築いていることがうかがえた。土は暗褐色土や黒褐色土など
が中心だが、一部に粘土や小礫、砂も混じっており、保存池を造る
際に掘った土を築造の盛土として使用したと考えられる。また堤の
盛土下部からは、1.6 m 間隔で木杭が確認された。全体に池側に傾

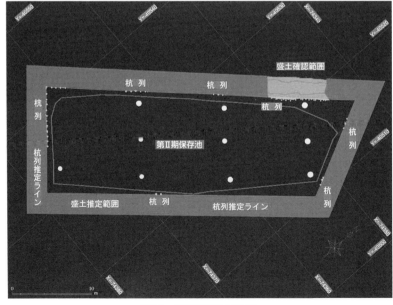

図56　初期保存池平面図

いており付近から針金が出土していることから、木杭は土留め柵側の木杭に巻き付けて転倒防止の控えとしたものと考えられる。なお針金が束ねられていたことなどから、1本の控え木杭から複数本の土留め柵側の木杭を引っ張っていたと思われる。

　土留め柵は横板を木杭で固定する構造で、北西部と南西部で確認された様子は多少蛇行するものの、全体としてほぼ直線に構築されていた（図57）。横板は幅8cm、厚さ1cm、長さ120cmの基本となる板を2〜4段重ねたもので、横板を挟み込むように両側に木杭が打ち込まれていた。木杭は池側に多く見られ、間隔は55〜75cmであった。木杭の形は、先端を斜めに切り落として尖らせてあるものと平らに切られている2種類に分けられる。太さが15〜20cm、長さは95〜179cmと55〜60cmの2つの種類がある。木杭には釘

図57　初期保存池土留め柵

などの残存が観察できることから、横板固定に使用したものであろう。また数本には針金が巻かれているものもあり、前述した周提下部で確認された控えの木杭と結んでいたと思われる。

　こうした初期保存池の構造から推測すると、橋脚を水の中で保存する方法を採用したものと思われ、保存科学が確立していなかった当時の方法としては、最良のものであったかもしれない。また池を造る際には、水田を深く掘り込むのではなく、周囲に堤を築き中に水を張るという方法をとっている。これはおそらく水田の掘り込みを少なくするためで、その背景には橋脚の自立を損なってしまう可能性があると考えた結果かもしれない。

　この初期保存池については、神奈川県に保管されていた資料に設計図などが残存していたことは前述したとおりである。発掘調査結

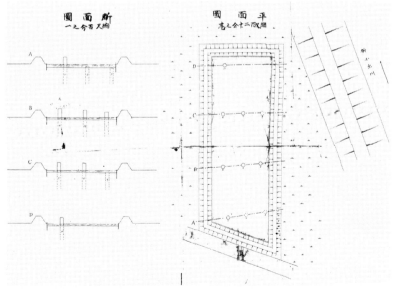

図58　神奈川県保管の初期保存池平面・断面図

果と資料との対比をすると、おおむね同様な内容を示しており、計画通り実施されたことがわかる。しかし保管資料には、初期保存池の平面図と周堤の断面図はあるものの（図58）、詳細については記載されていなかった。発掘調査により、横板と木杭とで構成される土留め柵、周堤下に打ち込まれた控えの木杭や針金など、詳細な構造が明らかになり、当時の土木技術を知ることができた。なお大正期の指定範囲は、初期保存池の平面形と近似しており、範囲の決定については保存池を意識し周堤の外側を1つの目安とした可能性がある。

(2)　**木組み遺構**

　池底を精査したときに確認したもので、橋杭№3を囲むように造

図59　木組み遺構

られており、形は変則の五角形で北東側が斜めに開いている。一辺がおおむね3.5mの大きさである（図59）。

　木組みの面積は14.4 m²で、一段低く掘られており、構造は横板2枚を上下に重ね、木杭を内側に打ち込んで支えている。板材は幅20cm、長さ3m50cm～3m90cm、厚み約2cmでスギ材と思われる。木杭の太さは4～6cm前後で、露出している長さは50～60cmである。木杭は一辺に約1m間隔で4本打ち込まれており、一部木杭の横に角材が添えられているものもある。木組みの中央部においても、木杭を3本検出したが、横一列に並ぶのではなく、約1m間隔で三角形に設置している。中央にある木杭の頂点のレベルは板材を留めている杭よりも若干高い。また、周囲には板材を固定するために使われたと思われる石が数個出土し、木組み東側北隅では恣意的に石が置かれた状態を検出した。

　この遺構の性格は明確でないが、橋杭No.3を囲っていることから橋杭の周囲に泥が集まらないようにしたものか、あるいは区画の内側が一段低く掘られ北東側が開いていることから、木組み内に水を溜め水位を下げることを意図したものかもしれない。なお初期保存池に横板を支えている杭の頭がみえる写真が確認されていることから、初期保存池整備後に水没したものと思われる。

(3)　北側掘り込み

　保存池内の北側で確認された。形は不整の長方形をしており、規模は南北8.5m、東西7.5m、深さ約15cmである。深さは浅いが、出現時の水田面からは約1m以上下がったところである。掘り込みを埋めている泥土を除去した底面の状態は凹凸があり、不定形で

規則性はみられない。ただ掘り込みからは大量の加工木や陶磁器、石製品が出土している（図60）。

　この掘り込みは、初期の保存池整備作業によるものであろうと思われる。しかしながら保存池全部に掘り込みが存在するわけでないことから、北側が掘られた背景には、橋杭№9や№10の出現状態が低かったために、これらの有無を確認しながら整備を行ったことが考えられる。

　出土遺物は、初期保存池整備後に堆積した近現代のものが大部分を占める。そのなかで注目されるのは、1941（昭和16）年に作られた橋脚に関する説明看板である。すでに大正時代に史跡となった橋脚について、「旧相模川橋柱」の表題で以下のとおり書かれている（図61）。

図60　北側掘り込み

今ヨリ七百四十余年前建久年間源頼朝ガ臣稲毛三郎重成ガ始メ
テ旧相模川ニ架セシ橋柱ニシテ＊＊＊百星霜河身ノ変動ニ従ヒ
埋没シテ世ニ知ラレザリシガ偶々大正十二年九月関東大地震ノ
為メ出現セシモノニシテ我ガ国最古ノ橋柱ラナリ

と「昭和十六年三月」の日付で「茅ヶ崎町役場」の名前が記されて
いる。形状は逆台形状の六角形で、規模は縦45.0 cm、最大横幅72.0
cm、最小横幅45.0 cm、厚さ1.2 cm を測る。3枚の横板を接いで1
枚の説明板にしている。この看板の付近からは、長さ3mの看板
を立てたと思われる長い木杭も見つかっている。1941（昭和16）年

という戦争の時代を考
えると、倒れた看板を
立て直すことができな
かったのかもしれな
い。

　また石塔9個体の発
見も注目される。石塔
は五輪塔で地輪1、水
輪5、火輪2、空風輪
1で、これらは橋杭No.
9のまわりに礫、竹、
木材などとともに雑然
とした状態でみつかっ
ている。この五輪塔
は、保存池が整備され
たときより後に水没し

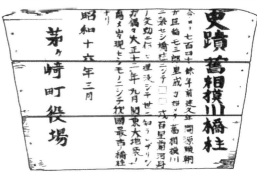

図61　町役場看板（昭和16年、上が実物、下が実測図）

たものであるが、別な場所から持ち込まれた可能性もある。ただ後述する中世土坑墓の発見をふまえると、保存整備時に墓域部分を壊し、石塔を水中における足場として使用したということもありうるかもしれない。

(4) 南側掘り込み

保存池の南側で確認されたもので、粘土層が砂礫層に落ち込んでいる範囲を捉えた。平面形は不整円形で断面形は擂り鉢状をしている。大きさは東西方向の長軸が3.6 m、短軸1.3 m、深さ78 cm である。この掘り込みは、存在が明らかでなかった南側の2本の橋杭を探すために掘られた可能性がある。おそらく初期保存池の整備時か、それ以前の時期に行われたのであろう。なお、砂礫層を約80 cm も掘り下げているが、上面を大きくひろげ、擂り鉢状に掘り込んでいることから、湧水のなかでの掘り下げ作業が大変であったことがうかがえる。

(5) 第Ⅱ期保存池

第Ⅱ期保存池は、新聞資料によれば1965（昭和40）年6月に史跡の隣地に工場進出を計画した武藤工業が中心となって整備したものである。平面形は不整の長楕円形で、護岸はコンクリート製の支柱とコンクリート製の板を4～5枚横に組む構造である。深さは約1.3～1.5 mで、橋脚保護のために水が入れられている（図62）。そして護岸に沿ってコンクリート製の擬木手摺りが全周している。この手摺りの設置は、写真などから第Ⅱ期保存池整備よりやや遅れて造られていることがわかっている。また北東と南東部分には、池へ

の給水を目的とした玉石などで造作された給水施設が存在する。これは、隣接する武藤工業より水を適時提供してもらって保存池の水位を一定に保つように配慮されたものである。南西側には排水口があり、オーバーフローした水は小出川に流れる仕組みとなっていた。なお、池底では鋼管を利用した噴水設備の痕跡も確認している。

　第Ⅱ期保存池の整備に際しては、№10橋杭の存在が忘れられていたのか、平面が方形であった保存池を不整の長楕円形に変化させている。確認できた内容から推測すると、第Ⅱ期保存池は位置的には初期保存池の内側にあたり、初期保存池を残すことを意識して整備されたのかもしれない（図63）。

　さらに、第Ⅱ期保存整備では保存池の周辺を大きく盛り土している。このことは発掘調査で厚さ75〜145cmの盛土を確認したこと

図62　第Ⅱ期保存池（南西から）

図63 初期（大正）と第Ⅱ期（昭和）の護岸

図64 第Ⅱ期保存整備の盛土

から明らかになった（図64）。土は２層に分けられ、下層に大きな砂岩礫が中心のものを、上層には黒褐色の腐植土で根の混入が多い。そして高くなったところに桜を植えて周辺を散策できるように玉石で区切られた通路が設けられており、保存池と周辺の整備を行い、地元の文化財と共存しながら継承していこうとする姿勢が読み取れる。

　なお保存池からの出土した遺物をみると、幕末明治から大正ならびに昭和前半のものと、昭和40年代前後以降のものとに大きく分けられる。このうち後者には多くの瓶などが入り込んでいた。瓶の

なかには地元の酒造メーカーのものもあり、今では目にすることができない資料もあった。これは第Ⅱ期保存池の整備によって周辺の散策がしやすくなったことや、桜などの存在から花見の場所として定着していき、酒瓶などが投げ込まれることになったからであろう。当時の様子を感じさせるものである。

第6章 明らかになった複合遺跡——調査成果③

　発掘調査では、鎌倉時代の橋遺構だけではなく異なる時代の遺構も確認された。このように1つの遺跡に別の時代の遺構が存在する遺跡を複合遺跡と呼ぶ。旧相模川橋脚では、鎌倉時代の橋遺構よりも古い古代の遺物や新しい中世土坑墓が確認されている。こうした複合遺跡は、橋脚をはじめその土地の歴史（変遷）を知る上で大切な資料といえる。ここでは各時代の内容をみておきたい。

⑴　中世土坑墓群

　保存池北西部を拡張した場所で、橋脚が出現した水田より下の砂礫層上面から発見されたもので、約28㎡の範囲に10基の土坑墓を確認した。土坑墓とは地面に穴を掘って遺体を埋葬した墓のことで、確認されたのは火葬ではなく土葬されたものである。10基のうち8基から人骨が検出された（口絵7頁下）。

　土坑墓はやや南側に多く分布していたが、調査区外に延びていることや、初期保存池を造るときに東側の2基は削平を受けたと思われることから、本来は保存池部分にも拡がっていたと考えられる。土坑墓の形は、統一されたものでなくおおむね不整の円形に掘られており、大きいもので長軸が1mを少し超えるくらいで、深さは20cm前後が多く最も深いもので約60cmである。また向きや場所についても統一されていない。確認された状況から土坑墓は重なっ

ているものもあり、一定期間ここが墓域であったことがうかがえ
る。

　このうち7号土坑墓としたものは不整楕円形をしており、規模は
長軸102cm、短軸74cm、長軸の方位は北を示していた。底はほぼ
平坦で深さは約15cmで、褐灰色の土で埋まっており人骨が検出さ
れた。北側に頭があり埋葬姿背は右側を下にした側臥屈位である。
人骨のほか副葬品として古銭2枚と、かわらけと呼ばれる土器が4
点出土している。土器はその形から16世紀代の時期と思われる。2
枚の古銭は嘉祐通寶と元豊通寶で、初鋳造年がともに11世紀代とさ
れるものであるが、直接的な埋葬時期を示すのではない。

　また10号土坑墓としたものは、楕円形で長軸105cm、短軸85cm
で、長軸方位は東西を示す。底はほぼ平坦で深さは32cmである。
褐灰色土で埋められており残存状態が良好な人骨が検出された（図

図65　人骨検出状況

65)。西側に頭があり、左を下にした側臥屈位である。出土遺物は、16世紀代のかわらけ3点が出土した。

人骨の鑑定を行った結果、検出した9体の内訳は小児1体、壮年期男性1体、熟年期男性2体、壮年期性別不詳1体、性別不詳の正人骨1体、年齢性別不詳3体であった。鑑定した日本歯科大学の吉田俊爾によると、歯冠が成長する過程で、その個体が疾病や栄養不良などのストレスを受けた証拠となるエナメル質減形成がみられることから、埋葬された人が生きた時期の環境（飢餓や伝染病）は厳しかったことを想定している。また、7号土坑墓から検出された人骨の歯が特殊な片摩耗を示しており、その状況から特殊な漁法を使用する漁師などの可能性も指摘されていて興味深い。

土坑墓は、時間差はあるもののかなり限られた時期にまとまって葬られたことが推測できる。被葬者については断定できないが、直接的な刀創などはなかったことから背景に戦いなどがあった可能性は少ない。人骨の鑑定報告などからきびしい環境であったのかもしれない。いずれにせよ当地区の中世後半における歴史を考えるための資料となった。

中世土坑墓群の発見はいくつかの成果をもたらした。橋脚との関係では、土坑墓が確認された地層より下層に橋脚が存在することが確認され、墓域が形成されたときには、この場所は川から離水した微高地に変化したことがわかる。したがって橋の廃絶が16世紀以前であることを明らかにする資料となった。

また土坑墓は調査区外にも延びていることから、墓域の範囲が周辺に広がることが推測される。おそらく初期保存池整備のときには、土坑墓の存在を知らずに掘ってしまったものと思われる。土坑

墓群の存在はこれまで把握されておらず、新発見の内容となった。したがってこれまで鎌倉時代の橋遺跡と捉えられていたが、この発見で中世後半には墓域が形成されていたことが明らかになった。

(2) 出土した古代遺物

　調査では古代の遺物も出土している。調査したほぼ全域から出土しており、分布は広範囲に及んでいると考えてよい。出土する層は砂層ならびに砂礫層で、間に見られる粘土層では確認されない。時代は古墳時代から奈良・平安時代で、具体的には土師器と呼ばれる素焼きの土器や窯で生産される須恵器や灰釉陶器などである。そのほか古代瓦の平瓦片も出土している（図66）。

　こうした遺物が出土する場合、その土地が遺跡である可能性が高

盛土

水田の粘土

砂礫層

瓦

図66　地層と出土した古代遺物

い。しかしながら、出土した遺物を観察すると、角が丸く遺物全体が摩耗しているという特徴に気づく。これは水によって動いたときに削られたと考えられ、この場所には川の上流から運ばれてきたことを示唆している。したがって、橋脚地点にもともと存在した遺物ではなく、ここに古代遺跡が存在していたことを示すわけではない。しかしながら、上流にはこれらの遺物を供給する遺跡があると推測されるが、現時点では確認されておらず、この点は課題として残る。

第7章 | 地震痕跡の確認——調査成果④

　発掘調査では、地震に関わる3つの現象を観察することができた。1つ目は地震によって生じた液状化現象によって浮き上がった橋杭の出現状況、2つ目は液状化現象を示す噴砂、そして3つ目は橋杭が浮き上がったことによる地層の変形である。

⑴　橋脚の出現状況

　出現した10本の状況はそれぞれ異なっている。橋脚が浮き上がった高さを表した図をみると（図67）、もっとも高い位置にあるものは橋杭№2で、上部の標高は2.63 m、池底面から約193 cm浮き上がっている。また反対に最も低かったのは橋杭№10で、上部の標高は0.45 mで池底より上には出現していない。上部の残存の違いもあり一概に比較はできないが、それでもおおよそ2.18 mの差があることから、出現状況は一様ではなかったことがわかる。また傾きについても、すべてが傾いているものの、傾いている向きは10本中

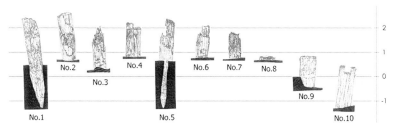

図67　橋杭の垂直分布図

7本が南東方向、2本が北東方向、1本が北西方向と、その状況は同じではなかった。さらに、傾き角度は最も傾いていたのが№2と№4で約9〜10度、反対に角度がなかったのは№3の3〜4度であった。

　橋杭の浮き上がりの違いについては、神奈川災害考古学研究所の上本進二によって、橋杭の周囲で噴砂・噴礫などの液状化が発生した場合は、土層内の水圧が低くなり浮き上がる量が少なく、逆に橋杭の周囲で液状化が発生せず、地下の液状化層の水圧が高くなったところにある橋杭は浮き上がりが大きくなるというメカニズムが考えられている。

　また、原因となった液状化層は下部の砂礫層と考えられている。

図68　噴砂がみられる地層（矢印の方向に噴き上がっている）

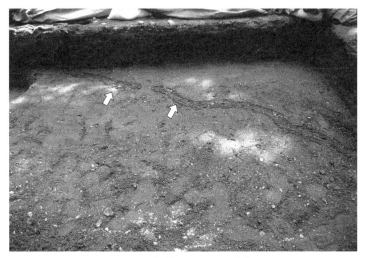

図69 平面的にみられる噴砂

橋杭No.8

引きずられて
変形した砂礫層

噴き上がった砂

図70 噴き上がった砂と引きずられた地層

(2) 液状化現象による噴砂

1964（昭和39）年の新潟地震以後、液状化現象の研究が進み、橋杭を浮き上がらせた力はこの液状化によることが明らかになった。発掘調査ではこの液状化現象を示す噴砂・噴礫が、保存池の下部調査で複数カ所確認された。

保存池の中央部分で確認された噴砂は高さ60cmであり、水田まで噴き上がっている状況で砂に混じり小礫も観察できる（図68）。

また、図69は噴砂を平面的に捉えているもので、壁面から幅15cm、長さ2.5mで細い溝状に蛇行しているのが観察できる。確認した面が砂層であったため、礫を充塡したような状態であった。また橋杭№8の周辺には、砂がまるで花びらのように拡がっている様子が観察された（口絵8頁下）。この部分の地層を観察したところ、最大約cm幅を持つよく締まった砂層が橋杭に沿うように堆積してい

図71 橋杭№5に引きずられて変形した地層

た（図70）。この砂は液状化によって橋杭に沿って噴き上がったものである。なお、柴田が撮影した写真でも水田面に噴砂が噴出した状況が観察できる。

⑶　地層の変形—引きずり構造

　橋杭が浮き上がる動きによって、地層が引きずられ曲線を描くものが見られる。橋杭№5に接する砂礫層と粘土層が約15～20cm上方に引きずられ変形している。引きずり構造と呼ばれるもので、橋杭が液状化によって浮き上がる際に生じたものである（図71）。橋杭№6でも、同様に変形した地層が観察できた。

コラム：発掘調査にみる河川堆積

　発掘調査では、調査区内の数地点で厚さ約2mの地層を観察した。地層には出現当時の水田層のほか砂層や砂礫層がみられたが、このなかには斜交層理と呼ばれる水の流れを示す堆積が観察され、堆積状態から水

図72　水の流れによって削られた泥層

の流れがおおむね北西から南東方向へ向かっていることが把握できた。

　また、水の流れを示す堆積もみられたが、その下部では水流によって侵蝕された泥層のブロックが斜めに並んだ状態で堆積していることも観察されたことから、流れの方向を確認することができた（図72）。ただ、さらに下層では方向が異なる流れを示す堆積もあり、複雑な流れをうかがうことができる。こうした状況から、相模川の河口付近では水の流れが網の目状に流れていたことが考えられる。

第8章 | 遺跡の整備・活用と未来への継承

⑴ 保存整備

保存整備の基本方針　2001（平成13）年から2007（平成19）年まで行われた保存整備は旧相模川橋脚にとって3回目となるものであった。2002（平成14）年に作成された保存整備に関する基本方針は、発掘調査の成果を踏まえながら以下の3項目が掲げられた。

①国指定史跡であることを重視し、橋脚および橋脚を支持する地盤とも現地から動かさず、かつ破損しない整備を行う。

②橋脚の保存処理は、腐朽の進行を止め現状を保存する方法とし、直接的な科学的処理は行わない。したがって、今回の方法は恒久的な保存とならないことから当面の保存法とし、定期的な観察を行う。

③本史跡は、保存池とともに憩いの場として市民に親しまれており、その景観を大きく変化させないように配慮する。

整備の方法　保存整備の最も中心となる橋脚の保存については、これ以上の腐朽が進まないようにすることが目的であった。橋脚は大型木製品という側面も有しており、このことを考慮しながら複数の保存案が検討された。その結果、直接的な科学的処理は行わないという基本方針にもとづき、コンクリート製の保護ピットで各橋杭を覆い、内部は橋杭の湿潤状態が保てる充塡材で満たし、密閉して現状を維持する方法を採用した（図73）。したがって橋杭自体への

保存処理でないことから、恒久的な保存方法ではない。いわば長い期間の応急措置であり、木製資料の保存についての実験でもある。整備後の定期的な経過把握が重要となってくる。なお保護ピットで湿潤を保つ充填材は、施工前に材質や含水率の試験を行い荒木田土という水田の土を採用した。

　しかしながら、この方法の弱点は実物の橋杭を見ることができなくなってしまうことで、公開という側面が弱くなってしまう。このため橋杭の精巧なレプリカを製作し、保護ピットの上に設置することにした（図74）。そしてレプリカ設置に際しては、関東大震災の震災遺構であることを意識し、出現時の状態を正確に再現することとし、個々の橋杭の平面位置、傾いた方向や角度、出現した長さなど、標高以外（実物より約2.6ｍ上に設置）は実物と同じように設置した。また、新たに発見された中世土留め遺構については、位置

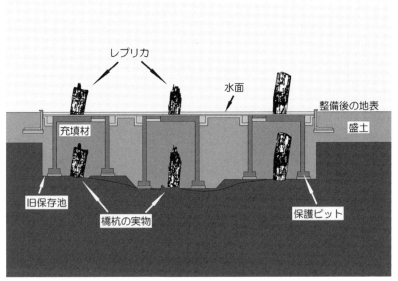

図73　橋脚の保存方法概念図

図74 レプリカの設置

図75 中世土留め遺構の表示

が水位より低いことから現状を維持したまま埋め戻し、整備した保存池には発見された平面位置を木材などで示すとともに、近くに遺構の説明と写真や図面を設けた（図75）。なお地下水位の変化を確認できるように水位計を設置している。

　天然記念物として評価された地震に伴う液状化現象については、調査区内で観察できた地層は現状のまま保存している。そして液状化を示す噴砂の地層剥ぎ取りや、橋杭と液状化の関係を示す部分は型取りなど造形保存によって展示資料を作成した。

　また、史跡地の整備は景観を維持するという方針から、池の中にある橋脚という景観を意識した。そして整備前の第Ⅱ期保存池ではなく、発掘調査によって明らかになった大正期の初期保存池を再現した。また、新たに説明板や地形解説模型（図76）、サインモニュメント（図77）など遺跡の理解を深めるためのガイダンスを設けて

図76　遺跡地形模型

いる（図78）。さらに周辺整備に関しても、整備前の散策路や桜などについては、極力以前の景観を変更させないように心掛けた。なお、これらの方針や方法は天然記念物の指定を受ける前に検討されたが、検討過程において旧相模川橋脚の有する複数の価値を意識していたことから、新たに指定を受けた天然記念物に関しても理解される内容となっている。

⑵ 公開活用

保存整備に併行して、現地調査の説明会（図79）や指定80周年記念シンポジウムの開催、パンフレット作成など遺跡の活用を進めたが、整備後も史跡見学やまち歩きなどに活用しながら広く周知を続けている。また地域の小学校と連携を図り、旧相模川橋脚を教材とした授業を教員と共同で実施している。さらに天然記念物の指定に際しては、記念事業として「出現90年シ

図77　サインモニュメント

図78　遺跡解説板

ンポジウム　旧相模川橋脚の意義を考える」と題し、橋杭出現の
ちょうど90年後となる2013年9月1日に同じ場所、同じ時間という
設定で開催した。このシンポジウムでは、旧相模川橋脚が有する多
様な価値についての検討など、今後の活用について議論を深めた。

⑶　多様化する旧相模川橋脚の価値

　旧相模川橋脚は、地震によって出現したという稀有な遺跡であ
り、それまで存在すら知られていなかった遺跡は、出現によってわ
れわれに多くのメッセージを伝えてくれている。
　震災後という混乱した状況下にありながら、いち早く歴史的遺産
であることを考証して保存の道筋をつけた沼田頼輔や柴田常恵ら先
達の努力によって、私たちは今日その姿を見ることができ、歴史遺
産としての資料も得ることができる。あらためて現状保存の重要性

図79　発掘調査現地説明会

を感じさせられる。また、出現から89年経った段階で、原因となった地震について焦点が当たり、遺跡に地震痕跡が保存されていたことで天然記念物として新たに評価されることにつながった。1つの文化財が異なる内容で指定を受ける事例は重複指定として認識されているが、史跡と天然記念物の指定を受けているのは全国で9件と少なく、旧相模川橋脚の持つ価値の1つといえる（口絵3頁下）。

　旧相模川橋脚に新たな価値が加わったのは、時代や社会の変化にともなう多様化する視点が背景にあると思われる。このことは、1つの文化財が一様な解釈だけでなく多様な解釈で評価される可能性を示しており、今後は史跡（遺跡）の持つ多様性について意識することが求められる。そしてこれらは、現時点での解釈だけでなく、将来における可能性も見据えた取り組みが求められる。

⑷　未来への継承

　旧相模川橋脚は桜の名所としても知られており（口絵5頁上）、茅ヶ崎市の「ちがさき景観資源」にもなっている。したがって旧相模川橋脚は、史跡や天然記念物の指定を受けた文化財というだけではなく、地域における大切な資源でもある。

　3回目の保存整備を終えた橋脚は、2023（令和5）年に出現100年を迎えた。次の100年に向けて、橋脚に関わってきた人の想いを伝えながら、適正な保存と有効な活用をしていくことが望まれる。

　最後に、出現した橋脚は現在保存のため地中に戻す形になってしまったが、前述したとおりこの保存整備は恒久的なものではなく、期間の長い応急処置である。今後、保存科学の進化によって、再び実物の橋脚が出現することを期待したい。

引用・参考文献（50音順）

秋山邦雄 2009「旧相模川橋脚―その特殊性と保存―」文化資料館講演会資料、茅ヶ崎市教育委員会

飯村　均 2009「道路・橋梁」『季刊考古学』108

石井謙治 2002『日本の船を復元する～古代から近世まで～』学習研究社

石神裕之 2013「文化財保護からみた旧相模川橋脚」国天然記念物指定記念講演会資料

石野　瑛 1924『武相の古代文化』早稲田泰文社

石野　瑛 1927「地震で現れた茅ヶ崎の橋杭」『武相考古』坂本書店出版部

上田　篤 1984『橋と日本人』岩波新書

上本進二・林　美佐・寒川　旭 2008「国指定史跡旧相模川橋脚の液状化跡」『史跡旧相模川橋脚』茅ヶ崎市教育委員会

大岡　実 1978「国史跡　旧相模川橋脚」『神奈川県文化財図鑑　史跡名勝天然記念物篇』神奈川県教育委員会

大場磐雄 1976「記録考古学史、楽石雑筆巻13」『大場磐雄著作集7』雄山閣

大村浩司 2007「史跡旧相模川橋脚の保存整備と活用」『特殊な遺構の整備と活用―遺跡の個性の理解と応用―』第32回全国遺跡環境整備会議実行委員会

大村浩司 2009「史跡旧相模川橋脚にみる文化財保護の歩み」『地域と学史の考古学』杉山博久先生古稀記念論集刊行会

大村浩司 2012「災害の証人としての旧相模川橋脚」『遺跡学研究』第9号　日本遺跡学会

大村浩司 2012「関東大震災と旧相模川橋脚」『災害と考古学』神奈川県考古学会

大村浩司 2013「大地に刻まれた震災―旧相模川橋脚の保存」『震災から90年　関東大震災を見直す』茅ヶ崎市史編集委員会

大村浩司 2020「史跡・天然記念物旧相模川橋脚の保存整備」『史跡等の保存活用計画―歴史の重層性と価値の多様性―』奈良文化財研究所

桂　雄三 2013「天然記念物としての旧相模川橋脚」国天然記念物指定記念講演会資料

神奈川県 1927「第25章、海底の隆起と沿海の概況（旧相模橋杭）」『神奈川

県震災誌』

河野眞知郎 2006「考古学からみた旧相模川橋脚」『国指定80周年記念シンポジウム　旧相模川橋脚を考える』茅ヶ崎市教育委員会

國學院大學日本文化研究所 2004『國學院大學学術フロンティア構想、柴田常恵写真資料目録Ⅰ』

五味文彦 2006「相模橋の歴史的解明」『国指定80周年記念シンポジウム　旧相模川橋脚を考える』茅ヶ崎市教育委員会

五味文彦 2013「歴史遺産としての旧相模川橋脚」国天然記念物指定記念講演会資料

五味文彦 2018『増補吾妻鏡の方法（新装版）―事実と神話にみる中世』吉川弘文館

五味文彦 2022「橋の彼方にみえるもの」日本経済新聞社

斎藤慎一 1999「中世東国における河川水量と渡河」『東京都江戸東京博物館研究報告第4号』江戸東京博物館

坂上　彰 2009「旧相模川橋脚を残した人―沼田頼輔と湘南―」文化資料館講演会資料　茅ヶ崎市教育委員会

寒 川 町 2002「沼田頼輔」『寒川町史13　別編辞典・年表』

沢田正昭 2006「旧相模川橋脚の保存と活用」国指定80周年記念講演会資料

塩原富男 1991「湘江古橋行の碑」『資料館叢書10　茅ヶ崎の記念碑』茅ヶ崎市教育委員会

島崎邦彦 2006「関東大震災と旧相模川橋脚」国指定80周年記念講演会資料

鈴木　充・武部健一 1996『橋　日本の美術362』至文堂

鈴木　亘 2006「建築学からみた旧相模川橋脚」『国指定80周年記念シンポジウム　旧相模川橋脚を考える』茅ヶ崎市教育委員会

鶴田栄太郎 1948「旧相模川橋脚」『茅ヶ崎の面影』自刊

茅ヶ崎市 2001『茅ヶ崎市史現代編　新聞記事集成Ⅰ』

茅ヶ崎市教育委員会 2002『茅ヶ崎市埋蔵文化財調査報告16国指定史跡旧相模川橋脚』

茅ヶ崎市教育委員会 2008『史跡旧相模川橋脚』

茅ヶ崎市教育委員会 2009『平成20年度文化資料館特別展　史跡旧相模川橋脚～その調査研究と保存の歩み～』

茅ヶ崎市教育委員会 2013『国指定史跡国指定天然記念物旧相模川橋脚』

茅ヶ崎市郷土研究会 1970『相模川橋脚詩碑と斎藤由蔵氏』

茅ヶ崎市農業協同組合 1989『写真集緑萌える日々―合併二十周年記念―』

茅ヶ崎市文化資料館 1976「旧跡旧相模川橋柱」『資料館叢書2　茅ヶ崎町鶴嶺郷土誌』茅ヶ崎市教育委員会

超　哲済 2008「神奈川県茅ヶ崎市旧相模川橋脚の地震跡」『史跡旧相模川橋脚』茅ヶ崎市教育委員会

永野　孝 1990「文部省指定史跡「旧相模川橋脚」の精密調査を望む」『甦る古代砂丘』茅ヶ崎市教育委員会

日本山水会 1927『相模川名所番附　両岸對勝六十六景』

沼田頼輔 1924「震災で出現した日本最古の橋脚1〜4」『東京日々新聞』東京日々新聞社

沼田頼輔 1924「震災に由って出現した相模河橋脚に就いて」『歴史地理』日本歴史地理学会

沼田頼輔 1924「震災に由って出現した日本最古の橋脚」『明治聖徳記念学会紀要』21　明治聖徳記念学会

沼田頼輔 1928「神奈川県茅ヶ崎町出現の古橋柱」『史蹟名勝天然記念物』3―10　史蹟名勝記念物保存協会

沼田頼輔述・木内一郎記 1930「旧相模川橋を中心としての郷土史」『寒川の泉』寒川村青年団文芸部

畑　大介 2010「引っ張り構造をもつ護岸施設の展開」『研究報告第14集　治水と利水の考古学』帝京大学山梨文化財研究所

濱田政則 2012『液状化の脅威』叢書社会と震災　岩波書店

平沢　毅 2006「関東大震災と旧相模川橋脚」国指定80周年記念講演会資料

藤原良章 2005『中世のみちと橋』高志書院

掘田典裕 2009『吉田初三郎の鳥瞰図を読む』河出書房新社

松村　博 1998『日本百名橋』鹿島出版会

松村　博 2005「中世の橋の構造」『中世のみちと橋』高志書院

松村　博 2006「土木技術から見た旧相模川橋脚」『国指定80周年記念シンポジウム　旧相模川橋脚を考える』茅ヶ崎市教育委員会

馬淵和雄 1989「護岸と橋」『よみがえる中世3武士の都鎌倉』平凡社

光谷拓実 2007「関東大震災と神奈川県旧相模川橋脚」『埋蔵文化財ニュース』128　奈良文化財研究所埋蔵文化財センター

村田健一 2006『伝統木造建築を読み解く』学芸出版社

山口金次 1978『資料館叢書4　山口金次調査録茅ヶ崎歴史見てある記』茅
　　ヶ崎市教育委員会

山本　宏 1991『橋の歴史』森北出版

吉田俊爾・佐藤　巌 2008「茅ケ崎市旧相模川橋脚遺跡出土人骨について」
　　『史跡旧相模川橋脚』茅ヶ崎市教育委員会

藁品彦一 2000『ちがさき歴史の散歩道』茅ヶ崎市

藁品彦一 1982「史話、旧相模川橋脚の保存」『茅ヶ崎市史』5（概説編）茅
　　ヶ崎市

図・写真出典一覧

口絵 1 頁　國學院大學日本文化研究所所蔵
口絵 2・3 頁上段　茅ヶ崎市教育委員会 2008 より転載
口絵 3 頁下段　筆者撮影
口絵 4 〜 8 頁　茅ヶ崎市教育委員会 2008 より転載
図 1　國學院大學日本文化研究所所蔵
図 2　茅ヶ崎市教育委員会 2008 より転載
図 3　陸軍参謀本部発行「明治15年測図」より転載
図 4　寒川町 2002 より転載
図 5 〜 7　國學院大學日本文化研究所所蔵
図 8　個人蔵：茅ヶ崎市提供
図 9　茅ヶ崎市教育委員会 2008 より転載
図10　沼田頼輔 1924 より転載
図11　茅ヶ崎市教育委員会 2008 より転載
図12　茅ヶ崎市教育委員会 2009 より転載：イラスト 大村さえ子
図13〜14　國學院大學日本文化研究所所蔵
図15　個人蔵：茅ヶ崎市提供
図16　茅ヶ崎市農業協同組合 1989 より転載
図17　茅ヶ崎市教育委員会 2008 より転載：神奈川県教育委員会保管資料
図18　茅ヶ崎市教育委員会 2013 より転載
図19　茅ヶ崎市教育委員会 2008 より転載
図20　神奈川県立博物館所蔵
図21・22　茅ヶ崎市教育委員会 2008 より転載
図23　茅ヶ崎市教育委員会 2013 より転載
図24〜54　茅ヶ崎市教育委員会 2008 より転載
図55　筆者撮影
図56・57　茅ヶ崎市教育委員会 2008 より転載
図58　茅ヶ崎市教育委員会 2008 より転載：神奈川県教育委員会保管資料
図59〜62　茅ヶ崎市教育委員会 2008 より転載
図63　茅ヶ崎市教育委員会 2013 より転載
図64〜72　茅ヶ崎市教育委員会 2008 より転載
図73・74　茅ヶ崎市教育委員会 2013 より転載
図75〜79　茅ヶ崎市教育委員会 2008 より転載

お　わ　り　に

　筆者が、旧相模川橋脚と向かい合ったのは1998年頃からである。市役所入庁より、開発に伴う埋蔵文化財の調整や事前調査に従事していたが、1996年に体制が変わり、事前調査から離れることとなる。そんななか、文化財パトロールで橋脚の傷みを知ることになり、その後約10年間にわたって開発調整と並行しながら保存整備に携わった。茅ヶ崎市が主となる初めての史跡保存整備では、3回の発掘調査や関係資料の調査に関係することができた。

　発掘調査では、迫力のある橋杭や見たことのない大きな厚板など橋脚の凄さを知ることとなった。また地震による液状化現象のエネルギーに脅威を感じ、さらに関連する資料の調べが進むにつれ地震直後に保存に動いた人たちの行動力を見せられるなど、橋脚について調べれば調べるほど、その魅力を知ることになる。そして、この調査や保存整備をとおして、地域の人たち、発掘調査や工事の関係者、研究者、関係機関などじつに多くの人たちと知り合い、たくさんのことを学ばせていただいた。また遺跡である橋脚からもさまざまなことを学ぶことができた。これらは今も私の財産となっている。そしてこうした方々の理解と協力がなければ保存整備は進まなかったと感じており、あらためて皆さんに感謝申し上げたい。

　保存整備終了から数年後の2011年3月11日、整備した保護ピット点検のため現地に赴いていた。そして保護ピットを開けて点検をしていたとき、突然激しい揺れを感じるとともに緊張が走った。東日

本大震災による揺れであった。幸い関係者や橋脚への被害はなかったが、後で考えるとあの凄まじい揺れによって再び浮き上がる可能性もあったのかもしれない、と不思議な気持ちになってしまった。この出来事によって、橋脚と地震との関係が強いことをあらためて感じたが、もしかしたら地震との関係を忘れるな、という橋脚からのメッセージだったかもしれない。その後橋脚と地震についての理解と評価が進み、2年後の2013年には、天然記念物の指定を受けることになる。

　出現から100年が経った橋脚は、多くの人の努力で保存されてきた。保存整備に携わった一人としては100年後に向けてのリレー走者であったと感じている。したがって今後も橋脚が多くの人と関わりを持ちさらなる魅力が引き出され、継承されていくことを期待したい。

　本書の執筆にあたっては、近藤英夫、五味文彦、水ノ江和同、近江俊秀、田尾誠敏、平山孝通、藤井秀男、澤村奈穂子の各氏と茅ヶ崎市教育委員会にお世話になりました。記して感謝申し上げます。また同成社の佐藤涼子、工藤龍平両氏からは多くのご配慮を賜りました。最後に、本書の主役である旧相模川橋脚を、今日まで残す努力を惜しまなかった沼田頼輔をはじめとする多くの人々に敬意を表するとともに、いろいろなことを学ばせてくれた橋脚にもお礼を申し上げたい。

　　　2024年4月

　　　　　　　　　　　大村浩司

水ノ江和同
近江　俊秀　監修「新日本の遺跡」③

旧相模川橋脚
<small>きゅうさがみがわきょうきゃく</small>

■著者略歴■

大村　浩司（おおむら・こうじ）

1954年、広島県生まれ

國學院大學文学部史学科卒

現在、神奈川県茅ヶ崎市教育委員会　文化財調査員

主要論文　「相模国高座郡家と下寺尾廃寺」『古代東国の地方官衙と
　　　　　寺院』山川出版社、2017年。「史跡・天然記念物旧相模川橋脚
　　　　　の保存整備」『史跡等の保存活用計画─歴史の重層性と価値の
　　　　　多様性─』奈良文化財研究所、2020年。「埋蔵文化財資料から
　　　　　地域資料へ」『季刊考古学158』雄山閣、2022年。「史跡下寺尾
　　　　　官衙遺跡群の調査」『条里制・古代都市研究』第39号、条里
　　　　　制・古代都市研究会、2023年。

2024年５月31日発行

著　者　大　村　浩　司
発行者　山　脇　由紀子
印　刷　亜細亜印刷㈱
製　本　協　栄　製　本　㈱

発行所　東京千代田区平河町 1-8-2　㈱ 同成社
　　　　（〒102-0093）山京半蔵門パレス
　　　　TEL　03-3239-1467　振替　00140-0-20618

新日本の遺跡①
三万田東原遺跡
九州縄文人のアクセサリー工房

大坪志子著　四六判　146頁　本体1800円

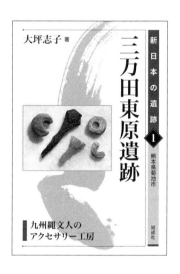

大量の縄文土器が出土し百年以上の研究史をもつ三万田東原遺跡。近年の調査で判明した玉製作の実態など、遺跡の魅力を平易に語る。

新日本の遺跡②

大宰府跡
古代九州を統括した外交・軍事拠点

赤司善彦著　四六判 154頁　本体1800円

古代の九州諸国を統括しつつ、平時には外交、戦時には国防の最前線を担った大宰府。考古学的な視点から、その全貌を平易に解説する。

シリーズ　日本の遺跡　全51巻

四六判・本体価格平均約1800円